SECOND VOYAGE

DE

JACQUES LE FATALISTE

ET

SON MAITRE.

SECOND VOYAGE

DE

JACQUES LE FATALISTE

ET

SON MAITRE,

DE DIDEROT.

> Je sais qu'il est indubitable,
> Que pour former œuvre parfait,
> Il faudrait se donner au diable,
> Et c'est ce que je n'ai pas fait.
> VOLT. Ep. dédic. de Zaïre.

A VERSAILLES,

Chez LOURD, Imprimeur-Libraire,
rue du Commerce, n°. 18.

A PARIS,

Chez les Marchands de Nouveautés.

An XII. — 1803.

PREFACE.

PARDON, pardon, trois fois pardon, si j'entreprends de continuer les Aventures de Jacques et de son Maître ; il était écrit de tous les temps que je ferais cette folie-là : je ne puis m'opposer à ma destinée ; et s'il est aussi écrit là-haut que vous devez mourir en bâillant, autant vaut-il que ce soit de mon ouvrage que de celui d'un autre.

Salut,
P. L. C.

A.

SECOND VOYAGE

DE

JACQUES LE FATALISTE

ET

SON MAITRE.

Depuis son mariage Jacques vivait dans la plus douce sécurité, et la compagnie de son maître, qui ne pensait pas à quitter le château, mettait le comble à son bonheur; au milieu de son ivresse, il s'écriait de temps à autre : Pourquoi faut-il que mon cher maître n'ait pas aussi une épouse qui lui donnerait des enfans de sa façon, au lieu d'une maîtresse qui lui en fait sans sa participation; il finirait ses jours avec nous, et nous ne formerions plus qu'une même famille.

Voilà une belle perspective ! Pauvre Jacques, c'est dommage que le destin se mocque de toi, et que tandis que tu t'occupes de la progéniture de ton maître, il travaille un peu trop à la tienne. Mais cette disgrâce peut-elle abattre ton grand courage ? ta philosophie est inépuisable, puisqu'elle a son fondement dans ta gourde, et que tu portes toujours celle-ci sur toi.

Son cher maître n'avait pu revoir l'ingénue Dénise, sans que les feux dont il avait jadis brûlé pour elle se renouvelassent ; il oublia qu'il allait trahir son meilleur ami, et la poursuivit jusqu'à ce qu'il en eut obtenu ce qu'il désirait. Celle-ci que la crainte et le respect rendaient muette en sa présence, ne s'opposa qu'imparfaitement à sa défaite, et se rendit coupable par timidité.

Il y avait déjà quelque temps que ce manège durait, sans que Dénise ait rien fait pour l'empêcher (je te vois sourire d'ici, méchant lecteur, tu t'imagines sans doute qu'elle avait fini par y prendre plaisir, et tu te trompes, comme toutes les fois que ta maudite curiosité galoppe au-devant des événemens). Elle était sage, mais elle n'avait pas su se défendre la première fois, et avait donné par là, sur sa personne, des droits qu'elle ne pouvait plus contester. Les remords la poursuivaient sans cesse, et si elle accumulait faiblesse sur faiblesse, c'est qu'une fois qu'on a mis un pied dans le sentier fangeux du crime, on ne peut le retirer qu'en y enfonçant l'autre.

Cependant son petit ventre s'arrondissait à vue d'œil, et le bon Jacques en étouffait de joie : Mais est-il des plaisirs durables ? le diable ou le destin, qui sont de toutes les parties, finirent par leur jouer un mauvais tour : d'abord en éclairant Jacques sur sa honte ; que dis-je ? Jacques n'avait point à rougir d'avoir été trahi ; la honte est le partage du criminel, et non pas de l'offensé ; et en couvrant de confusion son maître et sa femme : Ho ma pauvre Dénise ! serais-tu donc coupable pour n'avoir pas eu la force de te défendre, et plusieurs années d'une vertu éprouvée, ne suffisent-elles pas pour excuser un moment de faiblesse !

Il y avait, comme je l'ai déjà dit, quelques temps que cette intrigue était secrète, lorsqu'un jour le maître de Jacques, dont les distractions étaient fréquentes, voulant renouveler une scène qui avait pour lui tant d'attraits, ne pensa pas à fermer la porte de la chambre où il s'était retiré avec Dénise. Alors oubliant et le ciel et la terre, ainsi que sa montre et sa tabatière, il ne voit plus que l'objet de sa passion, et s'y livre avec tout l'empressement qu'un coupable aurait à descendre de l'échafaud, à l'instant où l'on viendrait lui apporter sa grâce. Jusques-là tout allait bien; mais, malheureuse imprudence! au milieu de leurs embrassemens la fatale porte s'ouvre, et fait apercevoir Jacques, qui, tout interdit, laisse à son phlegmatique maître le temps de consommer le sacrifice. Ah! sécriat-il, avec son sang froid ordinaire, lorsqu'il fut retiré de l'état de stupéfaction où cet événement l'avait plongé, il était donc écrit dans le grand rouleau que je serais co...—Oui, mon pauvre Jacques, oui, et il l'était aussi que je serais l'instrument dont le destin se servirait pour en venir à ses fins. Puis prenant sa prise et regardant l'heure : Mon cher ami, lui dit-il d'un air pénétré, je te demande pardon; oublie que je t'ai offensé, et ne vois en moi, comme tu le dit si bien, qu'une machine qui n'est pas maîtresse de ses mouvemens. — Je savais bien que vous me prendriez par mon faible, mais puisque cela devait être, autant que ce soit vous qui m'ayez enrôlé qu'un autre; aussi bien je me souviens de ma conduite envers les époux de Suzanne et de Marguerite (1), et je regarde cette aventure comme en étant la punition. Cependant, vous considérant selon votre désir et la loi du grand mécanisme universel, comme une machine dangereuse, je vous déclare que si par attraction vous faites à l'avenir le moindre frottement sur Dénise, je saurai y mettre ordre en vous abattant le grand ressort. — J'y consens, que la paix soit faite; embrassons-nous, mon cher Jacques, et que l'on dise dans les siècles à venir, en parlant de deux bons amis : *Ils s'aiment comme Jacques et son maître s'aimaient.*

---

(1) Voyez Jacques le fataliste et son maître, par Diderot.

L'amitié ainsi rétablie, ils sortirent en se donnant le bras, et laissèrent la pauvre Dénise dans la plus grande consternation.

Le maître après avoir fait plusieurs tours dans le jardin, où il s'était rendu avec Jacques, lui adressa la parole en ces termes: Jacques, quand je réfléchis, je suis tenté de me ranger de ton avis. L'homme n'a pas de volonté à lui; il faut qu'il obéisse aveuglément à la main invisible qui le conduit. Le voyage dont nous sommes de retour en est bien la preuve; quand nous partîmes, je brûlais de connaître tes amours, toi de me les apprendre, et il n'a pas été en ton pouvoir ni au mien d'en venir à bout avant notre retour. J'allais pour voir un fils qu'on m'a forcé de reconnaître, et qui n'est pas le mien, et au lieu d'accomplir ma résolution, j'arrive assez à temps pour tuer un homme que je croyais à cent lieues. Ah ! Jacques, mon pauvre Jacques... — Oui, Jacques, mon pauvre Jacques, et si ce pauvre Jacques vous avait payé de la sorte pour le mauvais service que vous lui avez rendu ; qu'aurait-on eu à lui dire ? votre exemple ne l'y avait-il pas autorisé ? Mais non, il était écrit que Jacques serait meilleur que son maître, et qu'il continuerait son attachement à celui qui l'outrageait si fort. — Ah Jacques, mon cher ami, que j'en suis bien puni ; oublie mes erreurs, partage avec moi ma fortune, et que cette seule différence qui existe entre nous ne subsiste plus ; je t'en conjure les larmes aux yeux. — De grâce, cessez un pareil discours ; ma vieille âme de soldat commence à s'attendrir, et je sens que je finirais par pleurer comme un enfant. Je suis content de mon sort, et ne demande qu'à finir mes jours avec vous, si le destin ne s'oppose pas, car on ne peut répondre de rien ; et je vois bien qu'il vous à mené par le bout du nez, ce qui vous faisait faire, il y a un instant, des réflexions que je serais charmé que vous continuassiez. — Mais accepte donc ce que je te propose, ou je te croirai toujours fâché.—Vous allez encore revenir sur ce malheureux article ; croyez-vous que ce soit avec de l'argent qu'on étouffe le cri de l'honneur dans l'âme de Jacques, et que si je ne tenais à vous comme à ma chemise, il suffirait pour m'empêcher d'assouvir ma vengeance ?

Non, non, il ne sera pas dit que Jacques ait pu conserver de fiel contre son maître, ni que ce soit un vil intêret qui ait pu l'apaiser. Je veux ratifier par une nouvelle alliance, l'amitié qui doit toujours régner entre nous, et que celle que j'ai pour Dénise ne peut même balancer; ce sera à une condition cependant.

LE MAITRE.

Quelle est-elle ?

JACQUES.

De ne jamais ouvrir la bouche sur ce qui vient de se passer, et sur ce que vous venez de me proposer.

LE MAITRE.

Mon cher Jacques !

JACQUES.

Cette condition vous semble donc trop dure?

LE MAITRE.

As-tu pu penser que je te crusse l'âme assez basse pour....

JACQUES.

Votre maudit caquet va amener une rupture; vous ne pouvez donc pas sacrifier à l'amitié cette excessive démangeaison de parler? dites-le-moi; car j'aimerais encore mieux me relacher de mes prétentions, que d'en venir à des hostilités.

LE MAITRE.

Bon Jacques, je consens à me taire.

Jacques.

A la bonne heure ; cela fera que je parlerai toujours : buvez un coup dans ma gourde, je vais prendre une prise dans votre tabatière, et vous regarderez à votre montre l'heure à laquelle nous faisons la paix, afin que tous les jours la même heure nous rappelle le grand serment que nous aurons fait, vous, sur votre tabatière, et moi, sur ma gourde, de vivre et de mourir ensemble.

Le Maitre.

C'est le plus ardent de mes vœux.

Jacques.

Et moi aussi ; mais cela ne doit pas nous faire perdre de vue vos réflexions ; il me semble que vous en êtes resté à ce diable de chevalier que vous avez, sans y penser, laissé sur le carreau.

LE MAITRE.

Cela est juste, mais il me semble aussi que tu as fait un rapprochement de lui à moi, qui n'était pas trop à mon avantage, et que sa conduite fausse et scélérate à mon égard, établit entre nous une grande différence.

JACQUES

Vous manquez au traité qui vous condamne à vous taire, et si vous ne piquiez ma philosophie, je ne voudrais pas vous répondre. En prétendant être de mon avis, vous cherchez néanmoins à me persuader que le chevalier a été plus coupable que vous : considérez donc que s'il était écrit là-haut que vous me joueriez le plus mauvais tour de la meilleure foi du monde, il l'était aussi qu'il vous en jouerait un avec noirceur; et partant, toute la puissance des hommes ne pouvait empêcher que cela n'arrivât; et partant, il n'était, ainsi que vous, qu'une machine non maîtresse de ses mouvemens; y êtes-vous là, mon maître?

LE MAITRE

Tu as raison, Jacques; en admettant qu'il ait été plus méchant que moi, je lui supposerais le libre arbitre, et prononcerais la sentence de deux innocens; car je te le jure, je ne sais pas comment cela s'est fait; j'étais....

JACQUES.

Je vous crois sur votre parole,

faites-moi grâce des détails, et reprenez vos réflexions.

Le Maitre.

Je fis donc une blessure mortelle à celui qui m'avait joué d'une aussi horrible manière; mais qu'il fut bien vengé! puisqu'à la vue de la perfide qui avait été son complice, au lieu de frémir d'indignation, je me sentis brûler d'un nouvel amour, sans que tout ce que j'ai pu faire depuis ait été capable de l'étouffer entièrement.

Jacques.

Voilà bien un des tours du destin; et je crains fort, s'il l'a résolu, que vous ne soyez contraint de l'épouser.

Le Maitre.

Moi, l'épouser! oublier combien

elle est méprisable ! lui pardonner sa conduite à mon égard !.... non, jamais je ne ferai une pareille folie.

JACQUES.

Peut-être oui, peut-être non; si le vent pousse constamment la girouette vers le midi, je la défie de regarder le nord.

LE MAITRE.

Va, mon pauvre Jacques, si cela arrive je ressemblerai, comme tu le dis, à une girouette qui n'aura pu résister à la violence du vent, et ce serait un très-grand malheur.

JACQUES.

C'est encore un *peut-être*; car si son cœur n'est pas endurci au crime, qu'elle soit véritablement repentante, elle voudra vous faire autant de bien qu'elle vous aura fait de mal; et souvent une femme qui a des reproches à se faire, rend un homme plus heureux qu'une autre qui n'a que sa vertu à jeter au nez de son mari, l'orsqu'il se plaint de son mauvais caractère.

LE MAITRE

Je veux bien te croire, Jacques; mais je ferai mon possible pour n'en pas faire l'épreuve : en attendant, je vais continuer mon discours. Me voilà donc amoureux malgré moi, et obligé de fuir à toutes jambes, tandis qu'un quart-d'heure auparavant je jouissais de la plus parfaite tranquillité. J'avais pris le bon parti en me sauvant, tant pour éviter l'embarras où la présence d'Agathe me jetait, que la poursuite de la maréchaussée, à qui toutefois le destin permit de me rattrapper, ainsi qu'à un honnête commissaire de prendre ma défense et de me retirer de ce mauvais pas; mais aussi me priva-t-il, pendant plus d'un mois, de la présence d'un ami si cher à mon bonheur; chose inouie, et qui ne pouvait arriver que par un accident pareil. Je le retrouve enfin, et par une fatalité sans exemple, et malgré tout le bien que je lui veux, je le blesse par l'endroit le plus délicat : il me pardonne et par sa grandeur d'âme, il me prouve que rien ne peut dorénavant altérer notre amitié. Devais-je m'attendre à tout cela ? pouvais-je l'empêcher, et n'ai-je pas suivi le torrent qui m'entraînait ? Oui, tu as raison, il était écrit de tout temps que cela devait arriver. Mais, Jacques, ce n'est pas assez d'avoir oublié mes torts ; cette pauvre Dénise..... elle est bien innocente.... lui retirerais-tu ta tendresse parce que je l'ai séduite, que je l'ai trompée ; que j'ai profité du respect qu'elle me portait et de sa grande timidité pour lui faire commettre une faute ? oh ! si quelqu'un de nous deux n'a pas été libre dans ses actions, c'est bien elle ; hais-moi s'il ne t'est pas possible de nous aimer tous deux, mais pardonne lui je t'en conjure.

JACQUES.

Avez-vous pu croire qu'il fût au pouvoir de Jacques de détester ceux qu'il aima avec tant de sincérité ? on ne passe pas d'un sentiment si doux à un autre aussi opposé, et mon cœur vous avait déjà justifié avant que votre bouche en eut pris la peine. Pour vous prouver que mon attachement n'est pas une grimace, je veux aller moi-même la consoler, et lui donner le premier baiser.

Jacques et son maître montèrent à la chambre où ils avaient laissé Dénise; ils la trouvèrent en larmes, se tordant les bras et s'arrachant les cheveux. La vérité de son désespoir (car il s'en fallait bien que ce fût là un désespoir de nos petites-maîtresses, qui s'évanouissent à volonté, et font de leurs yeux ce qu'elles veulent), toucha Jacques, au point qu'il fut prêt de lui demander excuse d'avoir été la cause, quoique bien innocente, de son chagrin; mais s'arrêtant tout-à-coup, il se dit à lui-même : Si c'est sa destinée de pleurer toute la journée, tout ce que je pourrai dire et faire ne saura l'en empêcher; peut-être oui, peut-être non; *on ne peut répondre de rien*. Cependant après avoir réfléchi assez inutilement, puisque selon lui la prudence ne peut effacer un seul mot du grand rouleau de l'avenir, il se jeta dans les bras de sa femme, l'accabla de caresses, et s'y prit d'une manière si tendre qu'elle en resta toute interdite, et fut sur le point de croire que l'ironie seule faisait agir ainsi son mari; mais lorsqu'elle eut reconnu son erreur, et qu'elle se fut aperçue qu'il y allait de bonne foi, sa surprise fut à son comble de voir la manière dont il traitait une femme qui s'était rendue indigne de lui; et ne trouvant plus d'expressions assez tendres pour lui en en témoigner sa reconnaissance, elle se jeta dans ses bras, et arrosa son visage de ses larmes. Ils seraient restés long-temps dans cette posture, si le maître, après avoir pris sa prise et regardé l'heure, ne les eût retiré de leur extase, en chargeant Jacques d'aller porter une lettre à la poste.

Eh bien, lecteur satyrique, je vous vois lever les épaules, et crois vous entendre dire : Voilà donc ce qu'on nous donne pour une histoire, tandis que ce n'est qu'une mauvaise aventure de roman. Avouez que vous êtes comme le maître de Jacques, qui veut toujours deviner, et qui toujours se trompe. Ce récit est très-véritable; l'historien a vu et entendu ce que je vous rapporte, par le trou de la serrure; peut-être même les héros passent-t-ils souvent devant votre porte; je vous en ai fait le portrait, tâchez de les reconnaître et faites-les entrer, ils vous le diront comme moi. D'ailleurs, qu'y a-t-il donc de si surprenant à cela ? ne voit-on pas tous les jours à Paris des maris être battus par leurs femmes, pour être entrés à contre-temps et s'en se faire annoncer ? N'en voit-on pas d'autres, plus prudens, se retirer lorsqu'elles sont en affaire avec quelqu'habit musqué, quelque plumet, et surtout avec un petit colet.

Jacques pardonne pour la première fois, et en agirait peut-être différemment en cas de récidive, tandis qu'une infinité de maris portent le croissant avec une douceur vraiment angélique. Vous êtes convaincu, j'espère, ou votre incrédulité serait aussi grande que celle de saint Thomas ; mais quelle qu'elle soit, je vais continuer, le pis qui puisse arriver sera d'y aller voir, si vous ne voulez pas me croire.

Je ne vous rendrai pas compte de ce qui se passa au retour de Jacques jusqu'à l'heure du dîner, je n'en sais rien ; peut-être s'occupa-t-il à sceller sa paix avec sa femme ; ce qu'il y a de certain, c'est qu'après le dîner son maître le fit descendre au jardin, où ils s'assirent, pour lui communiquer un projet.

LE MAITRE.

Jacques, mon ami, il faut nous remettre en route ; je me suis arrangé avec Déglands, ta place de concierge restera à Dénise et tu seras toujours à moi. Ne crois pas que j'aie jamais eu l'intention de te laisser à lui.

JACQUES.

Périssent plutôt toutes les conciergeries que de jamais vous quitter; où irons-nous?

LE MAITRE.

Je t'attendais bien là; est-ce que je puis le savoir; savais-tu toi-même où tu allais lors de notre dernier voyage, dont la prison fut le terme? Je parie que tu ne te serais pas dérangé, si tu t'en étais douté.

JACQUES.

Hé vous ne parlez pas de mon association à la troupe de Mandrin (1)! elle n'a pas été longue,

---

(1) Voyez Jacques le fataliste et son maître, par Diderot.

heureusement, et n'a servi qu'à me procurer de la compagnie, afin que je ne m'ennuyasse pas en revenant vous trouver. Savez-vous que cette diabolique aventure du cheval du bourreau et des deux gibets, m'est revenue plus d'une fois à l'esprit pendant ce temps-là, et que je me suis cru destiné à danser un menuet avec Borée ? Cependant je n'en suis pas encore quitte, puisqu'il m'a porté sur son contrôle et qu'il 'attend que j'irai le rejoindre.

Le Maitre.

Auras-tu bientôt fini, bavard, et t'imagines-tu que ce soit pour le plaisir de t'entendre débiter des sornettes que je t'ai fait descendre ? Il ne s'agit pas de cela; tu connais ma résolution, va faire ton porte-manteau et le mien, et que demain matin nous soyons partis à bonne heure. Je te laisse le reste de l'après-dinée pour faire tes adieux à ta femme.

JACQUES.

Tenez, voulez-vous que je vous parle franchement ? j'appréhende que vos affaires ne vous conduisent sur la route de Conches; elle est de guignon pour nous, et je parie ce que vous voudrez qu'il nous y arrivera quelques nouveaux malheurs.

LE MAITRE.

C'est justement de ce côté que nous tournerons nos pas ; je n'ai pu encore payer le nourricier du petit Saint-Ouin, et je veux prendre un parti à l'égard de cet enfant.

JACQUES.

C'est bien dit, *je veux* ; mais qui vous assure que vous réussirez mieux cette fois-ci que l'autre ? Je vous jure qu'à votre place, je confierais plutôt l'argent au hasard de la poste, et le petit Tourneur à la diligence, que de m'exposer en allant porter l'un et chercher l'autre. Cependant si le destin vous y force, il faudra bien lui obéir, et tout ce que j'aurai pu faire sera comme un coup d'épée dans l'eau. Vous réfléchissez à ce que je vous dis, je crois ; qu'en pensez-vous ? Jacques prévoit de loin et se trompe rarement dans ses conjectures ; ce voyage-là sent fort les aventures...... Mais il ne répond pas ; mon maître !..... mon maître !..... Comment vous dormez comme un sabot, tandis que je m'égosille pour vous faire entendre......

LE MAITRE.

Que tu as fait les porte-manteaux, sans doute.

JACQUES.

Eh, non ! je ne vous ai pas quitté d'une minute, et j'ai cru que vous écoutiez les raisons que je vous alléguais......

LE MAITRE.

Il n'en est pas, bourreau, pendart ; veux-tu te dépêcher de m'obéir.

JACQUES.

Vous savez que vous êtes libre de commander, et que Jacques

est tout prêt à suivre vos ordres en ce qu'il lui fera plaisir, d'après le traité conclu chez la maîtresse de Nicolle (1).

LE MAITRE.

Et tu as pu croire que je consentirais à des conditions aussi onéreuses ?

JACQUES.

Eh ! mon Dieu, votre consentement ne sert à rien dans cette affaire ; il suffit que Jacques ne veuille pas une chose, pour que vous ne puissiez pas l'exiger ; et si je vous obéis dans cette occasion, c'est que je vois que c'est une folie inévitable, et que le destin me pousse par le derrière.

---

(1) Voyez Jacques le fataliste, et son maître.

Jacques s'en alla, laissa son maitre qui s'était endormi de nouveau, et fut mettre ordre à leurs affaires La pauvre Dénise fut désespérée de ce départ, et il fallut que Jacques employât sa réthorique une bonne partie de la nuit, pour lui faire prendre un peu de repos. Le jour arrivé, Jacques sella et brida les chevaux, fut déjeûner avec son maître; après quoi ils partirent, comblés des vœux de tout le château.

JACQUES.

Adieu, pauvre château où nous étions si tranquilles, nous ne te reverrons peut-être pas de sitôt; qui peut le savoir? nous voici sur la route des Indes, puisque sout chemin mène à Rome; et t'il est écrit que nous devons y aller et y périr, comme mon frère Jean qu'un tremblement de terre attendait à Lisbonne (1), je défie bien toutes maréchaussées possibles de nous en empêcher. — Eh que disait le maître ? — Ce qu'il disait, vous allez l'apprendre : il ne disait rien. — Quelle contenance avait-il ? — Je suis fâché de n'avoir pu le faire peindre dans ce moment, vous l'eussiez vu d'un seul coup-d'œil ; contentez-vous donc de savoir qu'il prenait sa prise de tabac en regardant à sa montre, et tâchez dorénavant de ne plus m'interrompre.

LE MAITRE.

Jacques, il fait le plus beau temps qu'on puisse désirer, et

―――――――――――――

(1) Voyez Jacques le fataliste, et son maître.

s'il continue, notre voyage sera charmant.

JACQUES.

Je le désire autant que j'appréhende quelque autan; j'ai toujours dans l'esprit de gros nuages noirs, qui se dissiperont avec peine, et si le destin ne vous obstruait pas le conduit du bon sens, nous retournerions sur nos pas.

LE MAITRE.

Mon ami Jacques, je crois que tu es devenu poltron, ou que tu as des vapeurs.

JACQUES.

Poltron ! Jacques n'en craindrait pas quatre comme vous; mais à quoi bon aller s'exposer en imprudent, d'autant que je suis certain qu'il est écrit là-haut que nous devons succomber. Il est assez temps de déployer sa bravoure lorsqu'on ne peut éviter d'en venir aux prises.

LE MAITRE.

Puisque nous en sommes aux prises, prends-en une ; cela chassera de ton cerveau ces vapeurs noires qui paralysent ta gaieté.

JACQUES.

Chacun a ses remèdes, le tabac n'est pas le mien, et ma gourde en renferme un bien plus merveilleux. (Il la porte à sa bouche et boit à perdre haleine).

LE MAITRE

Eh bien, quel effet cela a-t-il fait?

Jacques.

Miraculeux ! je vois le temps qui commence à s'éclaircir ; mais pour chasser le maudit nuage qui porte Mandrin, j'ai envie de me gargariser encore une fois (ce qu'il exécuta sur-le-champ).

Le Maitre.

Ce Mandrin t'occupe trop fort l'esprit, il est sans doute déja pendu ?

Jacques.

Oui, pendu ! peut-être après nos trousses ; ce grand flandrin que vous voyez derrière nous, en est un pronostic. N'importe, laissons cette conversation, vous jugerez si j'avais raison, lorsque vous tomberez dans ses mains.

Le Maitre.

Oui, laissons cela là ; je vois à ton visage ouvert que tu n'es pas d'humeur à prêcher sur le ton de la passion, et que tu conterais plus volontiers une petite histoire pour faire passer le temps.

Jacques.

De tout mon cœur; je ne suis embarrassé que dans le choix. Je vous conterais bien les amours de mon oncle Jeannot et de ma tante Jacqueline ; mais elles ont duré si long-temps, que je présume par celui que j'ai mis à vous apprendre les miennes, que je serais trépassé avant d'en être à la moitié. L'histoire de la Tulipe, mon ancien camarade de lit, lorsque j'étais au régiment, vous conviendra mieux, et a quelque chose d'assez plaisant.

LE MAITRE.

Dépêche-toi donc, je commence à m'endormir.

JACQUES.

Et vous attendez mon récit pour ronfler à votre aise ; c'est égal, dussé-je parler seul, il faut que je passe mon envie ; écoutez, je commence ma narration :

La Tulipe était un vieux sac-à-diable dont la principale occupation consistait à faire des farces à faire rire tout le régiment ; il était aimé de tout le monde, et celui qui aurait eu envie de lui chercher dispute, n'en aurait pas été le bon marchand. Il m'avait pris singulièrement en affection, comme étant assez partisan de ses goûts, et de plus son camarade de lit; il me nommait son fils, et se serait fait couper en quatre pour me rendre service. Un jour que nous étions à chopiner ensemble, je lui témoignai le désir que j'avais d'apprendre ses aventures, et comme le vin donne de la langue aux muets et qu'ils s'en fallait bien qu'il le fût, il ne se fit pas prier deux fois. Vous m'écoutez j'espère, mais pour plus de sûreté, je vais faire comme à la caserne ; lorsqu'un camarade racontait une histoire, il s'interrompait de temps en temps pour crier *cric*, et celui de l'auditoire qui ne répondait pas sur-le-champ *crac*, était tiré par les pieds. Il est bon de vous dire que nous étions couchés alors, et que ne l'étant pas, je ne puis vous en faire autant ; à moins que vous ne consentiez à ce que je vous tire par le bout du nez pour y suppléer.

LE MAITRE.

Oui, j'y consens, maudit bavard, si tu veux commencer ton histoire.

JACQUES.

J'y suis, mais vous savez qu'il est d'usage de laisser un intervalle entre une introduction et son histoire, je vais le remplir en caressant ma gourde (le Maitre prit machinalement une prise, et regarda l'heure en attendant que Jacques s'apprêtât. Mais voyant qu'il ne pouvait se désaltérer, il lui cria à diverses fois : Jacques ! Jacques ! tu veux donc te noyer afin d'en être quitte pour ton introduction ?)

JACQUES.

Et de quoi diable vous mêlez-vous; est-ce que je ne sçai pas nager? d'ailleurs, croyez-vous que Jacques soit poitrinaire, pour perdre sitôt la respiration; au contraire, le plongeon que je viens de faire m'a rafraîchi de telle sorte, que si le destin ne me prends pas à la gorge, vous saurez l'histoire de la Tulipe avant d'aller vous coucher.

Mais où iront-ils coucher? Toujours des questions! il faut que j'aie beaucoup de mémoire pour retrouver le fil de mon discours. Comment, vous avez déjà oublié la route qu'ils ont tenue la première fois, et le village où Jacques montra tant de témérité, est sorti de votre mémoire? — Allons, je conviens que je n'y avais pas réfléchi; mais je n'ai pas oublié de même le lieu où ils ont dîné, car depuis qu'ils voyagent, je ne sache pas que cela leur soit arrivé une seule fois. — Parce que je ne vous l'ai pas dt, vous vous imaginez sans doute que Jacques vit de boisson seulement, et son maître de tabac; vous vous trompez, ils mangent d'aussi bon appétit que vous et moi ; et si je ne vous en ai pas parlé, vous n'avez pas perdu grand chose à la description d'une mauvaise soupe grasse ou à l'oignon, et de quelque chat qui aura fait les frais d'un civet. Cependant ce qu'il y a de remarquable, c'est qu'un jour on leur servit une langue fourrée aussi mauvaise que la vôtre ; c'est beaucoup dire, et qu'ils ne la payèrent pas moins chère pour cela. Revenons à nos moutons.

JACQUES.

Pour vous tenir parole, je vais faire parler la Tulipe qui commença ainsi :

Jacques, mon camarade, as-tu bien réfléchi à ce que tu viens de me proposer; tu veux entendre mon histoire, elle n'est pas très-exemplaire, et comme j'aime les jeunes gens sages, malgré que je sois un vieux garnement, je t'exhorte à faire ton profit de la morale qu'elle peut renfermer, chaque histoire ayant la sienne; et à laisser dans l'oubli tout ce qui peut tenir du libertin. Je ne te dirai pas au juste quel fut mon père, proprement dit; ce qu'il y a de certain, c'est que je fais partie d'une famille aussi ancienne que le monde, et qu'Adam ne peut me renier pour un de ses descendans. Un bon curé, vivant avec une servante assez ragoutante, fut mon nourricier; la qualité de parrain l'avait engagé à cette bienveillance paternelle, et il s'en acquittait avec autant d'intérêt que si j'eusse été son enfant. Manon, sa compagne, infatigable dans les soins de mon enfance, avait pour moi des entrailles de mère, aussi n'ai-je jamais cherché d'autres parens, étant convaincu d'ailleurs de l'inutilité de mes démarches, puisque par la déclaration de mon parrain, j'avais été trouvé à la porte de son presbytère, dans les premiers huit jours de ma naissance, sans qu'aucun indice ait jamais pu lui découvrir à qui j'appartenais. La charité l'avait porté à me mettre en nourrice aux frais de l'église, chez une paroissienne qu'il savait distinguer de son troupeau : j'y restai six ans environ, au bout desquels il jugea à propos de me faire venir à demeure à son presbytère, pour y commencer mon éducation.

Mon attachement pour le sexe se décéla dès lors, et mon instituteur ne serait pas venu à bout de m'apprendre à connaître une lettre, s'il n'eût consenti à faire suivre le même cours à la petite fille de ma mère nourrice; petite fille très-gentille et de mon âge, à qui je m'étais extraordinairement attaché, pour un enfant aussi jeune que moi. Je fis alors quelques progrès, et mon esprit commençant à se développer, je joignis le latin aux leçons que nous prenions conjointement nous deux Susette (c'est ainsi que se nommait mon aimable compagne d'étude).

Mon enfance se passa de la sorte, et j'avais atteint ma seizième année sans que je connusse d'autres plaisirs que de jouer avec ma jeune amie à *colin-maillard* et à la *crémisette*, et d'autres livres que mes livres d'étude ; lorsqu'un jour que j'allais pour voir ma nourrice, je vis mon parrain devant moi prendre le même chemin ; il marchait d'un air recueilli qui ne lui permit pas de s'apercevoir qu'une brochure venait de tomber de sa poche ; je fus sur le point de l'appeler pour le lui dire, mais la curiosité l'emportant sur le plaisir de lui rendre service, je la ramassai pour savoir ce qu'elle contenait. Quelle fut ma surprise en y trouvant des objets tout nouveaux pour moi ! je fus frappé d'un trait de lumière, et voulus, d'après la découverte que je venais de faire, jouir de la surprise du parrain, lorsqu'il ne trouverait plus dans sa poche ce qu'il y croyait si bien en sûreté. Je le suivis jusqu'à ce qu'il fut entré chez la nourrice, et regardant par un trou pratiqué à la porte, je le vis répéter une des scènes que mon volume renfermait. Ne voulant pas en savoir davantage, je revins promptement près de Suzette à qui je découvris tout le mistère. Aussi curieuse que moi, elle voulut joindre la pratique à la théorie, et m'entraîna vers la grange, témoin de nos plaisirs enfantins, et qui le fut pour cette fois de nos premiers transports amoureux.... *Cric*....

LE MAITRE

Ahi ! ahi ! ahi ! tu m'estropie, maroufle.

JACQUES.

Mais, répondez donc *crac*....

LE MAITRE

Et c'est pour cette raison que tu veux m'arracher le nez ? attends, coquin, que je te roue de coups ; va tu n'en seras pas quitte pour une oreille.

Le Maître de courir après Jacques, et Jacques de se sauver à toute bride, tant et si bien qu'ils arrivèrent ainsi au gîte. Jacques fit halte le premier, et revenant au-devant de son maître : Allons, point de rancune, je ne vous tirerai plus si fort une autre fois ; aussi vous dormiez d'un sommeil si profond, qu'on a de la peine à vous réveiller.

Le Maitre.

Tu as bien fait de te sauver, je t'aurais assommé pour t'apprendre à me traiter de la sorte ; pour ce qui est de dormir, je n'y pensais pas ; mais ce malheureux mot de *crac* m'était sorti de la mémoire.

Ils entrèrent à l'auberge où ils se firent servir à souper. Après avoir assouvi leur appétit, Jacques, que d'énormes verres de vin avaient mis en train de parler, demanda à son maître ce qu'il pensait de l'histoire de la Tulipe.

LE MAITRE.

Il ne commence pas mal, et sous un maître aussi aimable, le fripon ne peut manquer de prendre goût au métier.

JACQUES.

Je le crois bien, et si vous voulez entendre la suite, vous en jugerez.

LE MAITRE.

Volontiers, pourvu que tu veuilles me donner le mot d'ordre par écrit.

JACQUES.

J'y consens: le voilà; vous n'aurez plus de recours sur votre mémoire, et puisque vous dites n'avoir pas dormi, la Tulipe va reprendre où il en est resté.

« Suzette et moi très-satisfaits d'être aussi savans, elle que sa mère, et moi que mon parrain, nous revînmes au logis, où nous trouvâmes le bon homme de retour; il avait l'air inquiet et jetait les yeux de tout côté, comme quelqu'un qui cherche quelque chose. Il nous demanda si nous n'avions pas trouvé son bréviaire, afin de ne pas donner à penser qu'il eût perdu un tout autre livre, et que si nous l'eussions trouvé, nous le lui donnassions, sans penser que ce fût celui-là qu'il nous eût demandé. Nous lui répondîmes avec assurance, que nous ne l'avions pas vu, et il n'insista point.

Quelque temps après, la mère de Suzette s'étant aperçue de notre grande intimité, et nous ayant vu prendre ensemble des libertés qui blessaient la bienséance, me fit devant tout le monde, l'affront de me chasser à coups de pieds au derrière. Je fus si indigné de ce traitement, que je résolus de m'en venger. Mon parrain qui parut à l'instant, m'en fournît l'occasion: il allait comme à l'ordinaire, rendre hommage à ses appas. Je me cachai derrière un buisson, le laissai entrer et fus me placer au trou de la porte. Lorsque ma nourrice eut fait partager à son pasteur le mécontentement qu'elle éprouvait à mon égard, et que celui-ci eut promis de me châtier, je quittai mon embuscade au premier baiser, et fus chercher les mêmes personnes qui avaient été témoins de ma mésaventure... *Cric*....

LE MAITRE.

Au voleur, au voleur!

JACQUES.

Qu'avez-vous donc? il n'y a pas de voleur ici.

LE MAITRE *en se frottant les yeux.*

Ah! grand Dieu, je sors d'un rêve épouvantable ; j'étais entouré de scélérats qui voulaient me déchirer en pièces, lorsqu'un des plus pressés se jeta sur mon nez qu'il aurait infailliblement arraché, si je ne me fusse réveillé.

JACQUES *en se tenant les côtes.*

Ah! ah! ah! vous l'avez échappé belle ; je suis sûr que si vous eussiez crié *crac*, il vous aurait lâché.

LE MAITRE.

Ah coquin ! voilà encore un

de tes tours; va, je renonce à ton narré, s'il faut l'entendre à ce prix.

JACQUES.

Je vois bien qu'on ne peut rien faire de vous par les moyens violens, et qu'il faut s'en reposer sur l'intérêt de l'histoire pour vous tenir éveillé; cependant comme il se fait tard, je vais m'arrêter où j'en suis resté; demain je reprendrai la suite de mon récit.

Après avoir dormi jusqu'à huit heures, et s'être repus d'un ample déjeûner, Jacques et son maître se remirent en route. « Eh bien, dit celui-ci à Jacques, tu ne parles pas?

JACQUES.

Ma foi, j'ai réfléchi toute la

nuit, en songe s'entend, que mon histoire, loin de vous intéresser, n'avait servi qu'à vous inviter au sommeil, et qu'il serait très-sage d'en rester là.

LE MAITRE.

Tu raisonnes juste, cela commence à m'ennuyer, et à te parler franchement, je préfère une conversation ordinaire à tout ce que tu pourrais me dire à ce sujet.

JACQUES.

D'accord, mais ne croyez pas que j'en serai pour les frais du commencement, et surtout de mon introduction, tandis que vous en serez quitte à si bon marché. Il ne s'agit pas ici d'une pièce d'étoffe dont on peut demander un échantillon ; j'ai commencé mon histoire, je la finirai, et vous devez vous trouver trop heureux que je veuille bien passer sur les détails, pour ne vous en donner qu'une simple analyse.

LE MAITRE.

Allons, dépêche-toi.

JACQUES.

Il eut donc la méchanceté de donner en spectacle, à cinq ou six voisins, des personnes qui devaient lui être chères, et de les laisser à leur merci; ensuite il court au presbytère demander à Manon, cinquante écus, dont il dit que son parrain a besoin pour acheter un cheval qu'on vient de lui proposer. Comme elle faisait bourse commune avec le curé, et qu'elle ne se méfiait de rien, elle les lui donne. Il se sauve à Paris, se dit orphelin, entre chez une dame de qualité qui lui fait continuer ses études. Les années s'écoulent rapidement, et il est sur le point d'être reçu prêtre, lorsque l'archevêque le surprenant en flagrant-délit avec sa nièce, le chasse du séminaire; par la même raison il est abandonné de sa protectrice, à qui il laisse une femme de chambre dans un embonpoint qui la fait chasser aussi . . . . Mais voyez-vous ce grand gibier de potence, il ne nous quitte pas; je l'ai vu hier matin, le voilà encore aujourd'hui derrière nous.

LE MAITRE *prenant sa prise.*

Que t'importe, cet homme ne

peut-il pas voyager comme nous pour ses affaires ?

JACQUES.

Je le souhaite, mais je crains que le contraire ne soit écrit là-haut ; en attendant l'événement, je vais caresser ma gourde et prendre des forces pour continuer mon récit. Il but un coup et reprit ainsi :

La Tulipe abandonné à lui-même et ne sachant de quel bois faire flêche, écrit une satyre contre le gouvernement; on le poursuit, et il est contraint de s'embarquer pour échapper aux recherches de la justice. Le vaisseau qu'il monte est attaqué par un corsaire de Tunis ; on en vient à l'abordage, et la fin du combat est pour lui et ses compagnons d'infortune le commencement de leur esclavage. Arrivé à Constantinople, où le vaisseau débarqua, il y est vendu au Cadi qui le charge du soin de son parterre. Pour son malheur il plaît à une de ses femmes, qui lui donne rendez-vous, pour la nuit suivante, dans le jardin, où elle doit descendre par sa croisée, au moyen d'une échelle de cordes. Ils sont pris sur le fait ; elle est dévisagée, et lui condamné à être empalé. On le conduit en prison pour attendre le moment de l'exécution qui est fixée au lendemain. Il se lamente ; un prisonnier qui se trouve dans le même cachot, lui en demande la raison : le danger le rend imposteur ; il lui répond que la perte de sa maîtresse et de sa fortune en est la cause ; qu'il était parti du port de Brest, avec ce qu'il avait vaillant, pour racheter son amante qu'un corsaire lui avait enlevée sur les côtes de France; que le capitaine du vaisseau sur lequel il était venu, et à qui il avait confié la petite cassette qui renfermait la rançon, pour qu'il en traita lui-même, au lieu de tenir parole, l'avait bien débarqué à Constantinople, mais qu'il avait remis à la voile le lendemain matin, et lui avait emporté son argent; que s'étant trouvé par là hors d'état de payer au maître du caravenserail la dépense qu'il avait faite chez lui, celui-ci l'avait fait arrêter. Il lui dit aussi qu'il avait écrit au consul français qui devait répondre pour lui et l'envoyer chercher le lendemain, ne s'étant pas trouvé ce jour-là à la ville; mais que la liberté loin de le flatter, depuis qu'il y avait réfléchi, ne lui semblait qu'un fardeau insupportable, puisqu'il ne pouvait plus la consacrer au service de celle qu'il aimait; puis feignant un violent désespoir, il assure qu'il est résolu à mourir en prison, et conseille même à celui qui l'a interrogé de profiter de cette occasion pour en sortir, en répondant pour lui lorsqu'on viendra le chercher. Son compagnon ne fait de cérémonies qu'autant qu'il en faut pour ne pas paraître accepter trop brusquement; il lui témoigne sa reconnaissance, et lui jure qu'il ne l'oubliera qu'à la mort.

Le jour arrive où l'exécution doit avoir lieu ; on ouvre les portes : le malheureux esclave (car c'en était un), tout joyeux d'échapper à son patron qui le croira en prison, répond pour la Tulipe, et on l'emmène au pal. Il s'aperçoit trop tard de la trahison ; il a beau protester que ce n'est pas lui que l'on doit empaler, mais son camarade ; les exécuteurs qui n'entendent pas son langage, regardent cela comme un enfantillage, et l'expédient pour l'autre monde.

Trois heures après, la Tulipe est tiré de son cachot, on lui administre cent coups de nerf de bœuf sous la plante des pieds, le croyant réellement l'esclave qui avait été condamné à cette punition, et on lui ordonne de retourner chez le patron du défunt.

Ne le connaissant pas, et d'ailleurs n'ayant pas envie d'y aller, il se vit libre, puisque le Cadi était dans la persuasion qu'il avait été empalé. Il s'en fut donc chez un négociant français de ses amis, pour lui conter son aventure et lui demander des secours; celui-ci admire sa présence d'esprit, lui donne des habits à la française, et le fait embarquer sur un vaisseau marchand d'un de ses correspondans, après lui avoir procuré un passe-port du consul de France.

Il revient à Paris, met à la loterie et gagne un terne sec de vingt sous, fait figure, parcourt les bals, y fait connaissance avec une dame qui, pour l'amour de lui, consent à se laisser enlever; et enlève elle-même une somme considérable à son mari. Ils partent en poste pour Marseilles, y vivent splendidement tant que l'argent dure, et finissent par se séparer quand ils n'en ont plus, elle pour suivre un officier, et lui pour se mettre au service, où il prit la résolution de finir ses jours, ce genre de vie lui ayant convenu.

Je parirais que cette histoire vous a bien amusé, dit Jacques en adressant la parole à son maître, car je ne me suis pas aperçu que vous ayez cligné l'œil une seule fois pendant mon récit; n'est-il pas vrai?.... Mais vous ne me répondez pas, me serais-je trompé?....... Par tous les diables, répondez-moi donc? lui dit-il en le secouant fortement par l'épaule.

Cette brusquerie ayant tiré le maître de sa rêverie, il se mit à bailler, prit sa prise et regarda l'heure; puis se tournant vers Jacques : il me semblait que tu venais de dire quelque chose.

JACQUES.

Parbleu, je disais que vous

êtes l'homme le plus étrange que l'on puisse trouver ; je m'enroue à vous demander votre sentiment à l'égard de l'histoire de la Tulippe, et je ne peux obtenir de réponse.

LE MAITRE.

Comment, elle est déjà finie ?

JACQUES.

Elle vous plaisait donc ?

LE MAITRE.

Ce n'est pas cela, c'est que je n'en ai pas entendu la fin.

JACQUES.

Je savais bien qu'en sortant de ma bouche, le vent emporterait mon histoire, et que j'en serais pour mes peines.

LE MAITRE.

Allons, Jacques, ne te désoles

pas ; tu veux un jugement, je vais en porter un : ton histoire dans la bouche d'un orateur aurait eu assez d'intérêt, elle a de la diversité et n'est pas dénuée de vraisemblance; mais le plus grand mérite que je lui trouve, mérite trop rare ! et qui épargnerait tant d'ennui au lecteur, si les mauvais auteurs savaient s'en pénétrer, c'est qu'elle est courte.

JACQUES.

Je vois bien où vous en voulez venir; mon histoire ne vous plaît pas, et le mérite que vous lui accordez eût été inoui, si, de la première ligne, j'eusse pu sauter à la dernière.

LE MAITRE.

Tu me supposes donc bien peu de patience ? Si je te disais que j'ai lu des romans de huit volumes qu'on eût pu aisément réduire à huit pages, tu ne me croirais donc pas ? Mon ami, quand il faut faire pénitence, cette façon en vaut bien une autre ; puis regardant à sa montre, après avoir pris préalablement sa prise : Jacques, il se fait tard, nous avons une forêt à passer, doublons le pas.

JACQUES.

Quant à moi, j'irai toujours mon train, le ciel et l'enfer ne changeraient pas mon allure ; si vous êtes pressé allez toujours devant, vous m'attendrez de l'autre côté.

LE LECTEUR.

Mais quelle est donc la forêt dont vous voulez parler ? il me semble qu'à leur premier voyage il n'en a pas été fait mention.

L'AUTEUR.

Je n'en sais rien, allez leur demander; le fait est qu'ils avaient une forêt à passer. Soit que pour faire diversion, ils aient changé de grande route, ou que pour raccourcir leur chemin, ils aient pris la traverse, je l'ignore, et de plus je ne connais pas la topographie de ce pays-là.

Cependant la nuit approchait, le temps était couvert, et ils avaient encore une demi-lieue à faire avant d'y arriver. Jacques était silencieux comme un homme qui attend quelqu'événement sinistre; son maître prenait prise sur prise et ne pensait à rien. Jacques en rompant tout-à-coup le silence, lui demande si ses armes sont en bon état.

LE MAITRE.

Mais pourquoi me fais-tu cette question, Jacques ? Oui, elles sont chargées.

JACQUES.

C'est que l'heure est arrivée où il faudra nous en servir. Ne voyez-vous pas cet homme qui nous a constamment suivi, entrer dans la forêt, après avoir pris à travers plaine pour nous devancer.

LE MAITRE.

Et cela a de quoi t'effrayer ? C'est un homme qui se fera tuer, s'il nous attaque.

JACQUES.

En voilà encore un de mort, il n'y a qu'à l'enterrer. En vérité vous me donnez des palpitations de cœur avec vos saillies ; si je n'avais pas encore un coup à boire, j'étoufferais (et l'effet de suivre la promesse) ; puis s'adressant de nouveau à son maître : croyez-vous que s'il fût seul et quand même ils seraient trois ou quatre, ils oseraient nous attaquer ? détrompez-vous, ces sortes de gens s'y prennent avec plus de sûreté, et ce n'est que lorsqu'ils sont en grand nombre qu'ils tombent sur un brave homme qui ne peut plus se défendre, et qu'ils en font leur proie ; mais quels qu'il soient, si nous sommes attaqués, je leur donnerai du fil à retordre.

LE MAITRE.

Tu n'auras pas cette peine.

JACQUES.

A parler franchement, je ne

le souhaite pas ; il n'y a qu'un fanfaron qui feigne d'aller au-devant du danger. » En finissant ces mots, ils entrèrent sous le feuillage : la lune qui venait de se faire jour à travers les nuages, répandait une lumière pâle et vacillante, qui suffisait à peine pour les guider dans le chemin qu'ils avaient à suivre ; un vent sourd agitait les feuilles, et leur faisait prêter l'oreille au moindre bruit qu'ils entendaient, quand tout-à-coup la forêt retentit du son aigu d'un sifflet. Jacques à l'instant redressant la tête, ainsi qu'un lièvre qui croit avoir entendu le chasseur, s'arme de ses pistolets, et se tournant du côté de son maître : Eh bien ! avais-je tort, lui demanda-t-il, quand je vous disais qu'il était écrit là-haut que nous tomberions dans les mains du redoutable Mandrin. La moitié de mon pressentiment se réalise; mais, morbleu! il ne nous tient pas encore, et mon bras nous aura vengé avant que je sois vaincu.

L'impatience où il était d'en venir aux mains se manifestait dans tous ses mouvemens. Le maître, au contraire, ne s'aperçut du danger où ils étaient qu'au moment où six brigands, le pistolet et le sabre au poing, vinrent leur barrer le chemin, en leur demandant la bourse ou la vie. Alors, sortant de sa léthargie, il partage l'audace de Jacques et fond sur eux; Jacques de son côté en fait autant, et des deux premiers coups qu'ils tirent, ils abattent deux de leurs ennemis, sans que la balle de ceux-ci les aient atteint; déchargent leurs deux derniers pistolets qui ne portent pas; puis sautant de cheval à terre, ils tirent, Jacques son couteau de chasse, et le maître son épée; s'adossent chacun à un arbre et font bonne contenance. Déjà Jacques qui est comme un lion a renversé celui qui l'a approché de plus près; son maître se bat aussi avec intrépidité; mais ils sont trois contre lui, et il va succomber : Jacques vole à son secours, ne fait pas attention qu'un des brigands s'est séparé des autres, et reçoit par derrière, un coup de sabre qui ne l'atteint que légèrement sur le bras gauche; sa blessure le rend furieux, il se retourne et d'un coup de pointe, perce son assassin de part en part. Les voleurs ne se voyant plus que deux, se sauvent en donnant un nouveau coup de sifflet. Jacques et son maître ne

jugeant pas à propos d'en attendre l'effet, remontent à cheval
et fuyent au grand galop; mais
il se trouve bientôt un obstacle
à leur fuite: une corde que les
brigands avaient tendue d'un
arbre à un autre, et qu'ils n'aper-
çurent pas, accroche les jambes
de leurs chevaux et les fait tomber; les deux assassins qui s'étaient
échappés pour venir se mettre
aux aguets en cet endroit, pro-
fitent de leur chûte pour se jeter
dessus en les menaçant, s'ils
font le moindre mouvement, de
leur passer leur épée au travers
du corps. Jacques désespéré,
s'écriait douloureusement: il était
donc écrit avant la création du
monde que mon maître ne ferait
que des sottises et que j'en serais
toujours dupe. Au même instant,
cinq ou six brigands viennent

prêter main-forte à leurs camarades ; ils lient Jacques et son maître sur leurs chevaux, après les avoir dévalisés et les emmènent.....

Où donc ? — Voilà la grande question ! Il ne tiendrait qu'à moi, si je n'étais pas un historien véridique, de les traîner dans quelque caverne ténébreuse, éclairée d'une lampe sépulchrale, et dans laquelle on descendrait par une pierre en forme de bascule ; de leur faire parcourir les souterrains qu'elle renferme, d'y trouver des filles ou des femmes dont la vertu est respectée, des infortunés qui gémissent dans les fers à côté du squelette d'un de leurs parens ou amis ; puis de former une conspiration pour leur évasion, d'enivrer exprès les voleurs ; de poser sous la main des détenus, une petite boéte renfermant de la poudre qui rompt le fer, et de leur donner ainsi la clef des champs. Voilà qui serait beau! qui serait merveilleux! et surtout vraisemblable! Eh bien, j'en suis fâché, mais il ne leur est rien arrivé de tout cela; on les conduisit au milieu de la forêt, chez un bûcheron de la bande, où on les déposa dans un grenier, bien fermé cependant, en attendant que le chef décidât de leur sort, ses ordres s'opposant à ce qu'il fût fait aucun mal aux voyageurs désarmés. Vous aurez de la peine à croire à cette obéissance, et c'est pourtant la vérité; la volonté du chef devient une loi pour eux, et personne n'oserait l'enfreindre. En cela ils sont souvent plus raisonnables que nous.

Mandrin ne s'était pas trouvé au quartier-général lors de leur arrivée chez le bûcheron ; il était allé en partie de plaisir avec ses lieutenans, enlever à des moines du voisinage, trois pièces de vin de Bourgogne et plusieurs caisses de liqueurs, qu'un de leurs correspondans leur envoyait, et attendait sur la route le voiturier qui s'était amusé à boire du vin des bons pères, avec de ses camarades qu'il avait rencontrés. Instruit de tous ces détails par un de ses émissaires, il savait aussi que le charretier, homme grand et borgne, portait une cicatrice sur la joue gauche, ce qui l'avait décidé à faire cette expédition en personne, étant bien sûr au portrait qu'on lui en avait fait, que le personnage dont il s'agissait n'était autre qu'un certain Brûlepourpoint qui, dans une déroute qu'il avait éprouvée, avait eu du même coup l'œil crevé et la joue fendue, et que depuis long-temps il avait cru pendu.

Nos deux héros ne furent pas plutôt seuls, que le maître se mit à maudire tout haut la fatalité de son étoile, et à étourdir Jacques par ses gérémiades; mais celui-ci lassé de l'entendre, y mit bientôt court, en lui parlant ainsi :

A quoi servent toutes ces lamentations, le mal est fait, il faut en attendre les suites avec résignation; car s'il est écrit là-haut que nous serons écorchés vifs, elles ne pourront pas l'empécher. Dailleurs, Jacques que vous n'avez jamais voulu écouter, peut presque vous assurer qu'il ne vous arrivera rien, puisqu'on ne vous a pas **exécuté** sur-le-champ : ainsi calmez votre inquiétude qui n'est que très-frivole en comparaison de la mienne, et livrez-vous tranquillement au sommeil, sur cette botte de paille.

LE MAITRE.

Qui peut donc t'inquiéter, d'après le sang froid que tu témoignes.

JACQUES.

Pouvez-vous me demander cela ? vos entrailles ne vous parlent donc pas ? Nous avons fait, depuis dîné, trois mortelles lieues, et nous sommes réduits à dormir sans souper : au moins je m'y attends bien ; ces messieurs ne sont pas assez polis pour nous envoyer quelque chose, l'usage étant reçu de servir fort mal ceux qui payent d'avance.

Cette dernière saillie mit le maitre de Jacques dans une étrange colère; il se lève, s'arme d'un bâton qu'il trouve sous sa main et poursuit Jacques, qui, avec persiflage, le menace, s'il ose le frapper, de le faire conduire chez le commissaire par les honnêtes gens qui sont en bas.

Le maître n'y tient plus; la voix de Jacques a décélé l'endroit où l'obscurité le tient caché; il y court dans l'intention de le punir de son insolence; mais il n'était pas homme à être pris au dépourvu. Armé d'une botte de paille, il saisit bien l'instant où son maître se trouve en face de lui, la lui lance à la tête et va se cacher ailleurs. Le maître de plus en plus outré, le cherche encore long-temps sans pouvoir le découvrir ; enfin, épuisé de fatigue causée par tous les événemens de la journée, il remet sa vengeance au lendemain, et s'endort sur la paille qui a failli le jeter à la renverse : ce que voyant Jacques, il descendit de dessus une potence qui soutenait la toiture et en fit autant.

Laissons-les un moment en repos, et voyons un peu ce qui se passe sur la grande route.

Un claquement de fouet annonce l'arrivée de Brûlepourpoint, car c'était lui-même ; Mandrin l'aborde, il se reconnaissent, et la joie brille de toute part. Il conte ses aventures, on boit un coup, et pendant ce temps, la voiture qui a changé de route, arrive à l'entrée d'une carrière où on la fait entrer ; la troupe y fait une petite pause pour se rafraîchir, et revient ensuite au logement du bûcheron.

Mandrin s'informe de ce qui peut être arrivé pendant son absence ; on lui fait le détail de l'affaire de Jacques et son maître, où Sans-Effroi, Vuide-Gousset, Branche-d'Or et Cœur-de-Lion ont perdu la vie ; il est étonné que deux hommes aient pu terrasser quatre de ses plus vaillans sujets, et mettre les deux autres en fuite. Il demande où ils sont. Le bûcheron le conduit au grenier, et son étonnement est au comble, lorsqu'il reconnaît dans Jacques le même homme qu'il avait eu en son pouvoir, et qu'il avait laissé sur parole au château de M. Déglans ; il reconnaît aussi son maître, ce que ses gens n'avaient pu faire, les ayant conduits dans l'obscurité à l'endroit où ils les avaient renfermés.

Il ordonne au bûcheron de le laisser seul avec les deux détenus, et sitôt qu'il est parti, il s'adresse à Jacques, d'un ton moitié riant et moitié railleur.

« Eh bien, homme de parole, qui m'aviez promis de revenir me trouver; ce n'était donc que pour vous tirer de mes mains que vous en agissiez ainsi ? Je vous sais mauvais gré de m'avoir mal jugé; croyez que malgré que j'attache beaucoup de prix à la possession d'un brave homme, je suis bien éloigné de faire violence à personne, chacun n'étant pas fait pour le même métier. Si vous m'eussiez parlé franchement, vous en eussiez été quitte pour la moitié de votre bourse, et nous nous serions quittés les meilleurs amis du monde.

JACQUES.

Peut-être oui, peut-être non ; vous pensez comme cela aujourd'hui, que vous eussiez pu alors penser différemment. D'ailleurs, je n'ai jamais coutume de me repentir des sottises que j'ai faites ; il était écrit là-haut que je devais les faire, et nul mortel ne peut rien changer à sa destinée.

MANDRIN.

Bon Dieu, quel galimathias nous fais-tu là ! je me donne au diable si j'y comprends quelque chose ; si ce n'est que tu as une opinion très-propre à faire des scélérats.

JACQUES.

Je vois bien que vous êtes comme tous les autres, que vous voulez avoir la gloire de vous conduire par vous-même, tandis qu'il n'en est rien. Cette opinion qui vous paraît dangereuse ne l'est point : si je dois être honnête homme, tout ce qu'on pourra me dire pour m'en détourner, ne dérangera pas une seule ligne du grand rouleau ; si au contraire je dois être un scélérat, ce sera en vain que je voudrai résister à ma fatalité.

MANDRIN.

Ma foi, c'est grand dommage que tout le monde ne pense pas comme toi, l'état que je professe deviendrait moins dangereux : car il serait de la dernière injustice de punir un homme d'un crime qu'il n'aurait pu se dispenser de commettre : cependant je ne partage pas ton opinion ; je me regarde comme étant réellement coupable envers le public, et je ne pourrais qu'applaudir au châtiment que ses magistrats m'infligeraient, si jamais je tombais dans leurs mains, puisque mon inconduite seule me fit faire le premier pas vers le crime, et que la fatalité n'y entra pour rien.

JACQUES.

Je ne chercherai pas à vous convaincre, l'expérience vous apprendra si ce que je vous dis est la vérité. Mais que prétendez-vous faire de nous ?

MANDRIN.

M'en débarrasser au plus vite ;

ton maître est riche et ne voudra pas rester avec moi ; tu n'as pas grand désir d'y rester non plus ; et quand tu en aurais l'intention, je m'y opposerais ; ta morale étant dans le cas, si elle était goûtée par mes gens, de les porter à des excès que je veux leur épargner. Je prétends donc que sur-le-champ vous vous éloigniez de cette forêt; je vous rends votre bourse et vos effets, comme à des connaissances, me réservant seulement vos deux montures dont j'ai besoin pour mon service, et pour lesquelles je vous donnerai un sauf-conduit qui sera respecté par tous ceux de mon obéissance. Je n'entends pas malgré cela, que vous fassiez la route à pied ; quatre de mes gens vous conduiront à cheval, à une demi-lieue du Bourg où vous allez coucher. A cet endroit vos armes et vos effets vous seront rendus, et vous gagnerez le gîte à pied.

Le Maître étant moins familier avec Mandrin, que ne l'était Jacques, avait gardé le silence; mais il le rompit pour lui témoigner le contement qu'il éprouvait de son procédé à leur égard, en le priant d'accepter en reconnaissance, une bague de prix, qu'il reçut sans façon. Ensuite il les fit descendre, et après leur avoir fait boire un verre du vin des moines et mangé un morceau, il les remit, en leur souhaitant une bonne route, à l'escorte qui devait les conduire et qui s'en acquitta avec fidélité. A un quart de lieue seulement du Bourg, on fit halte; leurs effets leur furent scrupuleusement rendus, et le maître fut même obligé d'insister pour faire accepter un double louis au chef de l'escorte.

Ils arrivèrent à la couchée à la pointe du jour, et entrèrent dans une auberge où l'on était sur pieds; ils demandèrent une chambre à deux lits, et furent goûter un sommeil qui leur parut d'autant plus doux, qu'ils n'avaient pas dû l'espérer.

Le tournebroche avait déjà fourni sa carrière, que Jacques et son maître n'étaient pas éveillés. L'hôte vint frapper à leur porte pour savoir ce qu'ils désiraient pour leur dîner; mais le maître encore absorbé par le besoin de dormir, lui demanda d'assez mauvaise humeur ce qu'il souhaitait. — Monsieur, je suis fâché de ne m'être pas ressouvenu du proverbe qui dit, que *qui dort dîne*; je n'aurais pas troublé votre repos. — Dites plutôt que la crainte de perdre dans cette affaire vous a rendu officieux. — Monsieur, l'heure à laquelle je me présente doit fournir mon excuse, il est deux heures. — Deux heures pour ceux qui se sont couchés à leur ordinaire, mais pour moi il n'en est encore que huit du matin. — Eh bien, monsieur, prenez que je me sois trompé, et que ce soit votre déjeûner qui m'amène.

Jacques, que ce dialogue avait mis à même de se reconnaître, dit à l'hôte qu'il n'avait qu'à monter une bouteille de bon vin, afin de leur donner le temps de réfléchir à ce qu'il venait de leur proposer; alors avec le ton de l'enthousiasme, celui-ci leur fit l'énumération de tous les vins renfermés dans sa cave, et finit par leur en apporter une bouteille de bien médiocre. Jacques s'y connaissait, il vit bien que l'hôte en avait de beaucoup exagéré la qualité ; malgré cela il y fit honneur, et ne désempara pas qu'il n'eût mis le flacon à sec.

Jacques étant occupé, le maître fut contraint de réfléchir tout seul, et de commander le dîner, qui aurait été servi assez promptement, s'il n'eût pas fallu attendre deux heures après. Du reste ils n'eurent pas trop sujet de se plaindre ; aussi l'hôte fit-il sonner bien haut qu'il avait eu l'honneur de traiter des Marquis, des Comtes, des Barons et surtout M. l'Evêque de ***, le plus fin gourmet du royaume ; la sonnette vint heureusement couper court à sa prolixité; car ses auditeurs commençaient fort à s'ennuyer de l'entendre.

Jacques, dit le maître, quand l'hôte fut descendu, nous voilà enfin libres de toutes les manières; d'abord de Mandrin, ensuite de ce bavard d'aubergiste; je puis donc te demander ce que tu penses sur ce qui nous est arrivé.

JACQUES

Que cela devait être, par des raisons que je ne saurais vous expliquer.

LE MAITRE.

Je crois bien comme toi que cela devait être, puisqu'il en a été ainsi : mais sans chercher à en approfondir la cause, nous pouvons parler de ses effets.

JACQUES.

Parbleu ! la cause est bien aisé à trouver ; c'est vous qui l'êtes. Quant aux effets, je m'en serais bien passé, d'autant mieux que j'ai cherché par tout ce qui était en mon pouvoir à les éviter. Cependant, il faut que je l'avoue, j'ai éprouvé une espèce de satisfaction à voir mes pressentimens se réaliser, pour vous punir de les avoir méprisés.

LE MAITRE

Tu es méchant, Jacques ; je m'en suis bien aperçu à la manière dont tu m'as poussé à bout dans le grenier du bûcheron, avec tes mauvaises plaisanteries ; je te jure que si je t'eusse attrapé, je t'aurais éreinté.

JACQUES.

Ne parlons plus de cela, vous méritiez bien, après m'avoir fait partager les suites de votre imprudence, que je m'en vengeasse en vous faisant un peu endiabler. Revenons à Mandrin : savez-vous que c'est un honnête voleur, qui a un fonds de délicatesse; je suis vraiment faché qu'au lieu de s'être mis chef de voleurs, il n'ait pas cherché à devenir général; c'eût été un brave homme.

LE MAITRE.

Chacun est à sa place; c'est à tort que tu désires un changement. Suppose que Mandrin soit général, et qu'au lieu de lui un scélérat endurci dans le crime, soit chef de la bande qu'il commande;

mande ; à quels excès ne se porterait-il pas ? nous-mêmes n'eussions-nous pas été ses victimes ? tu vois donc bien qu'il vaut mieux que les choses soient comme elles sont, puisque les maux qui en résultent sont moindres.

JACQUES.

Il est vrai ; mais je ne puis penser, sans une espèce de chagrin, qu'un jour cet homme finira par être pendu ; car, quoiqu'il soit cause du désagrément que nous venons d'éprouver, je ne puis m'empêcher de lui avoir obligation de ce que nous en sommes quittes à si bon marché.

Tout en parlant, l'heure du souper arrive (ils avaient jugé à propos de se reposer ce jour-là), on le leur apporte, et ils se mettent à table. L'hôte les sert avec promptitude et sans proférer une parole. Jacques en est étonné ; il essaye d'entamer la conversation, mais en vain ; il ne répond que par monosyllabes, et les prie de vouloir bien l'excuser s'il ne peut les entretenir pour le moment, promettant de les en récompenser le lendemain, en leur faisant part d'un tour de sa façon.

Jacques, après avoir pansé sa blessure qui était si peu de chose que nous n'en parlerons plus, se mit au lit, ainsi que son maître, se flattant de ne faire qu'un somme jusqu'au lendemain ; mais il fut trompé dans son attente comme on le verra par la suite.

Deux capucins passant dans l'endroit, et portant à leur couvent le fruit de leur quête, se virent forcés, comme il faisait nuit et que le temps était très-vilain, d'entrer dans l'auberge où Jacques et son maître s'étaient arrêtés, et de demander à coucher. L'aubergiste ne se souciant pas de loger de pareils voyageurs, sachant qu'il n'y a pas grand chose à gagner avec eux, leur dit que tous ses lits étaient occupés, et qu'il ne pouvait les recevoir. Ils le prièrent par la charité qu'on doit à son prochain, de vouloir bien leur donner un abri contre l'injure de l'air, et seulement pour la nuit ; mais loin de se laisser toucher, il allait se disposer à les congédier, se sentant une si grande antipatie pour ces sortes de gens, qu'il regrettait de les avoir déjà soufferts si long-temps chez lui, lorsqu'il lui vint dans l'idée de leur jouer un tour.

Il leur proposa donc de les mettre coucher dans la grange, si cela pouvait leur convenir, leur assurant au surplus qu'il y avait déjà une jolie dame qui, faute de chambre, s'était décidée à y passer la nuit, et qu'il pensait qu'ils ne seraient pas plus difficiles qu'elle et s'en contenteraient.

Ils lui témoignèrent, par leurs remercîmens à quel point son offre les obligeait, demandèrent à souper, et dirent qu'ils ne regarderaient pas au prix, pourvu qu'ils fussent bien traités. On leur servit donc ce qu'on avait de meilleur en bonne chair et en bon vin, après les avoir mis dans une chambre où l'on fit grand feu pour les sécher.

Pendant ce temps, l'aubergiste s'afflubla d'un habillement complet de femme, et attendit impatiemment l'heure à laquelle les capucins iraient se coucher.

Ils tardèrent long-temps ; les mets leur semblaient bons et le vin exquis ; aussi en burent-ils tant, que mes deux gaillards qui étaient naturellement ce qu'on appèle de bons vivans, devinrent galans, et contèrent des douceurs à la propre fille de l'aubergiste, qui, au lieu de faire la cruelle, y prêta l'oreille, et consentit à une entrevue nocturne avec le père Boniface, ignorant le projet que son père roulait dans sa tête.

Le père Ambroise de son côté ne fut pas fâché de cet arrangement; l'espoir de se dédommager du sacrifice qu'il faisait de la petite personne en offrant ses services à la jolie dame, faisait nager son imagination dans une mer de délices. Ils convinrent donc qu'ils iraient ensemble jusqu'à la grange pour donner le change au papa et à la maman, et qu'y étant arrivés, le père Boniface gagnerait, le long du mur, l'escalier de la chambre de la jeune fille, qui tiendrait sa porte ouverte pour le recevoir.

Ils exécutèrent fort bien ce qu'ils avaient prémédité ; l'un gagna l'escalier où l'attendait l'officieuse demoiselle, et l'autre entra tout en tâtonnant dans la grange, n'ayant pas apporté de chandelle dans la crainte du feu, ou plutôt dans celle de laisser apercevoir leur stratagême. Il referma ensuite la porte sur lui, et guida ses pas du côté où l'aubergiste, en ronflant légèrement, faisait semblant de dormir. Il se coucha près de la prétendue jolie dame, et préluda par lui donner un baiser qui ne la réveilla pas ; mais enivré de plaisir, il la serra si fortement dans ses bras, qu'à moins d'être tombée en létargie, elle ne pouvait faire autrement que de se réveiller. — Qui que vous soyez, finissez donc, lui dit le plus doucement possible notre vieux singe enjuponné; je suis honnête femme et ne consentirai pas qu'on me fasse insulte. — Madame, ce n'est pas mon intention; un bon religieux comme moi, sait trop ce qu'il vous doit, et ce qu'il se doit à lui-même, pour manquer ainsi à une personne de votre mérite. — Vous me rassurez ; les hommes sont si trompeurs, on doit si peu compter sur leur discrétion, qu'on est obligé de refuser sa tendresse à ceux qui la méritent le plus, dans la crainte de la prodiguer à ceux qui en sont le moins dignes. — Que le ciel vous éclaire, ma sœur; vous verrez si vous avez affaire à un ingrat : et notre capucin de devenir plus pressant.

L'aubergiste qui voyait à la manière dont on en agissait avec lui que le dénouement ne tarderait pas à avoir lieu, impatient d'ailleurs de n'entendre qu'un interlocuteur, tandis qu'il voulait se jouer des deux pères à la fois, lui dit avec une voix attendrie : si j'étais sure que vous me payassiez de retour et que ce qui se passerait entre nous fût enseveli dans l'oubli, je ferais quelque chose pour vous prouver que je sais apprécier les personnes de votre état. Mais hélas ! peut-être même ne sommes-nous pas seuls. — O par le grand S. François, je vous jure que je vous aimerai toujours, et que, dussé-je mourir, je ne trahirai pas votre confiance.

Le vieux pécheur n'avait pas besoin qu'il lui donnât cette assurance, il y avait tout à parier qu'il ne s'en venterait pas : mais il s'obstinait à savoir où était son camarade. Il demande donc de rechef à son amant passionné s'il est bien certain qu'il n'y ait personne. — Oh ! bien sûr ; je devais coucher ici avec un de mes confrères, lui dit-il en l'embrassant avec transport, mais il a trouvé la fille de l'hôte si fort de son goût, qu'il est allé coucher avec elle. — Avec elle ! s'écria la pauvre dupe, d'une voix de Stentor ; avec ma fille, malheureux ! je vais t'assommer de coups. Le pauvre capucin, tout stupéfait, en reçut effectivement autant qu'il voulut bien lui en donner, et aurait été infailliblement assommé sur la place, si l'aubergiste, enflammé de colère, n'eût couru comme un forcené, à la chambre de sa fille. Pendant ce temps, le père Ambroise sortit à la hâte de la grange; mais dans le trouble où il était, ne faisant pas attention à une marre qui se trouvait au milieu de la cour, et que l'obscurité lui cachait, il fut se jeter dedans, et s'embourba jusqu'au cou. Terrible position! il ne peut se tirer de là sans le secours de quelqu'un, et il n'ose appeler personne. Essaye-t-il de retirer une jambe, c'est pour enfoncer l'autre plus avant, et rendre sa délivrance plus difficile. Enfin, un wacarme horrible se fait entendre et le force à se tenir coit pour n'être pas découvert.

Le pauvre Boniface n'était pas plus à son aise; au bruit qu'avait fait le père à la porte de la chambre de sa fille, toute la maison s'était réveillée et était venue pour prêter main-forte. La place fut bientôt emportée d'assaut, et sa révérence obligée de sortir en chemise et d'essuyer une grêle de coups de bâtons que tous les assistans lui déchargèrent à l'envie sur les épaules. Trop heureux s'il en eût été quitte à ce prix; mais le diable qui se plaît à tourmenter les saints, voulut qu'il échappât des mains de ses bourreaux, pour le faire souffrir d'une autre manière. Le père Boniface se voyant libre court vite à la porte cochère; il cherche à l'ouvrir; mais elle est fermée à double tour, et il n'y a pas moyen de s'évader. Favorisé par les ténèbres, il se coule le long de la muraille et fait le moins de bruit possible pour n'être pas aperçu par ceux qui le poursuivent, lorsque son compagnon qui l'entend, demande à voix basse: est-ce vous père? hélas! oui, répond celui-ci. Et ne sachant pas où est son camarade, il avance du côté d'où la voix est partie, et tombe aussi dans le bourbier.

Un malheur n'arrive jamais sans un autre. Deux gros dogues qui étaient à leur piste, ayant entendu le bruit de la chûte, aboient de toutes leurs forces et se jettent à la nage. Le père Boniface qui à peine est remis de sa frayeur, jette les hauts cris; les chiens s'élancent sur lui, et dans un instant la chemise qui seule lui reste pour couvrir sa nudité, est mise en pièces.

Le père Ambroise qu'un plus long séjour dans la marre avait aguerri, ne faisait pas le plus petit mouvement: aussi avait-il évité jusque là la dent meurtrière des deux animaux domestiques; mais lorsqu'attiré par les aboiemens et les cris, on fut venu au lieu du combat et que la lumière l'eut décélé, il se trouva assailli par l'un d'eux, qui, à force de le secouer, parvint à le tirer de la boue, et à l'amener à bord; tandis que le père Boniface, traîné par une oreille dont il ne lui restait plus que la moitié, débarqua aussi malheureusement.

Une huée générale les accueillit, et l'aubergiste malgré son courroux, ne put s'empêcher de rire de l'état où ils étaient. Imaginez-vous d'un côté, voir un nègre du plus beau noir et nud, et de l'autre une masse de boue de laquelle on ne peut discerner une figure humaine, et vous aurez le portait de nos deux religieux.

Cependant la vengeance de l'aubergiste n'était pas encore assouvie; il les traîna du côté du toit à porcs, et se disposait à les y enfermer pour le reste de la nuit afin de les remettre le lendemain entre les mains de leur supérieur, quand une aventure qui le touchait de près, dérangea son plan.

Sa femme depuis long-temps faisait avec lui lit et chambre séparés, et s'était retirée dans un corps-de-logis situé au fond de la cour, qui était très-vaste, et positivement auprès du toit à porcs. Dans la soirée elle avait cherché à détourner son mari de faire pièce aux religieux, et l'avait même menacé de les en avertir s'il y persistait; de manière que pour en venir à ses fins, il avait été obligé de promettre ce qu'elle avait voulu.

La friponne avait ses vues en agissant ainsi. Un officier qui logeait depuis huit jours dans la maison, avait eu le secret de lui plaire, et pour couronner l'amour qu'il lui avait témoigné, elle devait le recevoir la même nuit dans sa couche, et ne voulait pas être interrompue.

Pour lui tenir parole un peu plutôt, elle feignit une migraine et laissa à son mari la facilité d'en agir à sa volonté, bien persuadée qu'il n'osera contrevenir à ses ordres, ce qui fit qu'elle se crut découverte lorsqu'elle vit venir du côté de sa chambre une vingtaine de personnes armées de ce qu'elles avaient pu trouver, et à la tête desquelles était son époux.

L'officier qui se voit une mauvaise affaire sur les bras, juge avec raison qu'il ne pourra se défendre avec avantage contre une pareille troupe de gens. Il prend son parti, saute par la fenêtre, et tombe à dix pas du mari qui, tout interdit, ainsi que ceux qui l'accompagnent, lui laisse le temps de tirer son épée et de se faire jour au travers d'eux. Les capucins le suivent, se mettent sous sa protection, et sortent avant qu'on aie pensé à les empêcher.

Un pareil spectacle ayant mis l'escorte en gaîté, il fallut que quelqu'un en payât les frais, et les religieux n'étant plus là, ils retombèrent sur l'hôte, qui fut vexé au dernier point, et dont le déguisement n'excita pas peu les rires ; tandis que la femme, les deux points sur les côtés, bravait, de la croisée d'où était sauté son amant, la colère de son mari qui, plus confus qu'elle, fut obligé d'aller cacher sa honte dans son lit.

Jacques qui était descendu, ainsi que les autres, en rit tant et si fort, qu'il fut obligé de se tenir les côtes, en racontant à son maître ce dont il venait d'être témoin.

On ne peut pas toujours rire ; le sommeil reprit ses droits, et nos deux voyageurs s'y livrèrent jusqu'au matin qu'il fallut songer à se remettre en route, ce qui les embarrassa un peu, n'ayant plus de montures. Jacques après avoir cherché inutilement des chevaux de selle, trouva fort heureusement une chaise de poste qui n'avait pas été faite par un carrossier de Roman, et qui les conduisit sans accident ni interruption, au lieu de leur destination.

Voulant entrer *incognito* dans le village, à la même distance où ils s'étaient arrêtés la première fois, ils descendirent et donnèrent ordre au postillon de déposer leurs porte-manteaux au relai de la poste qui se trouvait dans l'endroit même.

LE MAITRE.

Jacques, te souviens-t-il de la pièce que tu me jouas à

cette place-ci, pour me prouver que je n'étais qu'une marionnette (1)?

JACQUES.

Si je m'en souviens ! je ne puis encore m'empêcher d'en rire toutes les fois que j'y pense; vous étiez d'une furieuse colère!

LE MAITRE.

Tu conviendras qu'il y avait de quoi, ignorant que c'était un jeu.

JACQUES.

Malgré tout cela vous n'avez pas encore été convaincu, et il a fallu que vous en fissiez l'épreuve à vos dépens.

---

(1) Voyez Jacques-le fataliste, et son maître.

LE MAITRE.

Tu avoueras aussi que c'est quelque chose d'incompréhensible, qu'avant notre naissance, tout ce qui doit nous arriver soit écrit là-haut.

JACQUES.

Mon capitaine qui n'était pas sot, le croyait bien ; pourquoi n'y ajouteriez-vous pas foi ainsi que lui ? il a suffit qu'il me l'assurât pour que je le crusse, et l'expérience m'a confirmé depuis qu'il avait raison.

LE MAITRE.

Rompons là-dessus, Jacques ; voici le nourricier sur sa porte. Bonjour, bon homme, comment vous portez-vous? — Votre seigneurie m'fait ben d'l'honneur, ça n'va pas trop mal; et d'vot part? — Bien, fort bien. — Tâ mieux ; car j'avons eu grandement d'inquiétude à l'égard d'vous, d'puis l'malheureux événement qui a amené tant d'changement.—Quel changement est-il donc arrivé ? — Ah! ah! j'voudrions qui m'en aurait coûté un de mes pourciaux, monsieur, et qu'ça ne se serait pas passé cheu nous ; ça faisait digne de compassion.—Au fait, de quoi est-il question ?

Vous savez ben que le chevalier qu'était venu avec mam'selle Agathe pour voir leur enfant, comme j'l'ai d'puis entendu dire, mourut su-le-champ, de sa blessure. — Sans doute.—Lorsque la pauvre d'moiselle l'vit étendu à terre, il faisait biau entendre ses cris elle attira tout l'village à not' porte ; je crois que l'mort les entendit itout, car ouvrant à moitié les yeux, il l'y adressa ces dernières paroles : « Pauvre Agathe, n'pleure pas, j'reconnais la main du ciel qui punit en moi l'plus perfide des hommes; implore-le pour qu'i' m'pardonne, et porte à l'homme juste qu'nous avons offensé, l'sassurances d'mon repentir. » Il n'put, malgré la bonne envie qu'il témoignait, en dire davantage, et il expira pour tout de bon.

Pendant c'temps, mon nourrisson qui avait attrapé la petite vérole d'un de ses camarades, offrit à sa pauvre mère, un spectacle presqu'aussi affreux. Il y avait trois jours qu'il était à l'extrémité, et dans l'moment même il rendit l'âme. C'fut pour elle l'coup mortel, elle s'évanouit et n'recouvrit l'usage de ses sens qu'deux jours après. D'puis c't'époque, elle alla toujours d'plus mal en plus mal.

Profitant d'un instant où la douleur lui laissa un intervalle de repos, elle demanda le curé à qui elle voulut faire à haute voix la confession d'ses péchés.... Si vous l'auriez entendue !...... Pardonnez - moi, les larmes me suffoquent. — Pleurez, pleurez, brave homme; ces larmes-là vous font honneur. — Comme elle vous demandait pardon ! Quel désir elle témoignait d'embrasser vos g'noux ! Ah ! vous lui eussiez pardonné..... Peu d'instans après, elle eut une crise, et son âme s'envola au ciel.

LE MAITRE.

Ah ! pourquoi n'ai-je pu lui donner la satisfaction qu'elle désirait, la serrer dans mes bras et lui témoigner la peine que je ressens de sa malheureuse fin. Tu pleures aussi, Jacques?... et l'orgueil a pu retenir mes larmes! je suis donc moins bon que vous?

JACQUES.

Il était écrit là-haut, qu'à l'instant où Dieu l'éleverait à la pureté de ses anges, ce serait pour nous en priver!

Ils quittèrent le bon homme pour aller à l'auberge donner un libre cours à leur douleur. Elle ne fut pas de longue durée; Jacques était très-sensible, avait le meilleur naturel possible, mais le chagrin ne pouvait qu'effleurer son âme; sa manie de croire à la destinée le faisant souscrire avec résignation à tous ses décrets; et lorsqu'il arrivait qu'il fût profondémen fondément affecté, il avait recours à sa gourde.

A l'égard de son maître, les distractions auxquelles il était sujet, ne lui permettaient pas de s'arrêter long-temps au même objet. Cependant la tristesse dont son visage était empreint, inspira le plus grand intérêt à son hôtesse; elle le lui témoigna par des attentions et des prévenances qui ne ressemblaient en rien à celles que prodigue l'intérêt; son domestique rivalisait avec elle pour la politesse et l'honnêteté. Enfin tous les voyageurs avouaient qu'il n'y avait pas de maison où l'urbanité française, la franchise et la bonne foi brillassent dans un plus beau jour.

Le maître de Jacques s'était déjà aperçu de tout cela; il en témoigna sa satisfaction à la maîtresse de la maison, dans une entrevue qu'il eut avec elle le lendemain.

L'Hotesse.

Je ne mérite pas, monsieur, les choses flatteuses que vous avez la bonté de me dire. La manière dont j'en agis est toute naturelle; et si je me comportais différemment, ce serait alors que vous pourriez paraître étonné.

Le Maitre.

Je vous fais mes excuses, Madame; il est vrai qu'avec un extérieur aussi estimable, les plus beaux procédés doivent paraître des actions ordinaires, ce qui me jette dans la dernière surprise de vous voir professer un état pour lequel vous n'êtes sans doute pas née.

L'Hotesse.

Il est vrai, Monsieur, que je ne devais pas m'y attendre; mais quand on a été à l'école du malheur, on apprend que tous les états peuvent s'exercer avec honneur, et qu'on ne doit rougir que des fautes qu'on peut commettre.

Une sonnette qui se fit entendre, interrompit l'Hôtesse; elle salua le maître de Jacques, et descendit. Celui-ci maudissait de bon cœur ceux qui l'avaient privé sitôt d'un entretien où il trouvait un charme inconnu, quand Jacques entra pour lui demander s'il n'irait pas voir le nourricier.

Le Maitre.

Si tu lui disais plutôt de venir me trouver? je ne suis pas en train de sortir.

JACQUES.

Je vais y aller; pendant ce temps vous vous occuperez à faire mettre le couvert.

LE MAITRE.

Tu n'y penses pas, nous sortons de déjeûner.

JACQUES.

Cela n'y fait rien, j'aime la table ; elle donne un maintien, un air de dignité qui m'enchante, surtout lorsqu'on boit; il semble alors voir un fleuve s'engloutir dans quelque gouffre souterrain, et le glouglou de la bouteille me paraît préférable aux cataractes du Nil, dont les voyageurs font de si belles descriptions.

LE MAITRE.

D'après ces considérations,

monsieur Jacques, nous avancerons l'heure du dîner.

JACQUES.

C'est bien dit; d'ailleurs, pour ne pas déranger tout à fait l'ordre des choses, nous le prolongerons jusqu'au moment où nous quittons ordinairement la table.

LE MAITRE.

Sortiras-tu, bavard?

JACQUES.

Allons, pas d'humeur, je m'en vais.

Il revint un moment après, accompagné du nourricier. Le maître arrêta de compte avec lui, le paya et le retint à dîner, ce qui satisfit tellement son intérêt et son amour-propre, qu'il s'en retourna tout joyeux en faire part à ses compères.

Pendant le dîner, le maître avait questionné le villageois sur ce qu'était l'hôtesse : il lui avait répondu qu'il ne savait pas autre chose, sinon qu'elle avait acheté cette hôtellerie il y avait fort peu de temps ; qu'elle avait amené avec elle tous ses domestiques, et qu'il la croyait veuve, puisqu'elle, ainsi que ses gens, étaient vêtus de noir ; que du reste c'était la femme la plus charitable et la meilleure possible.

Ces détails joints à la conversation que le maître avait eue le matin avec son aimable hôtesse, excitèrent peut-être plus que sa curiosité. Il épia si bien l'occasion de se trouver en tête à tête avec elle, que la voyant entrer dans le jardin, il l'y suivit. Elle parut un peu surprise de le voir ; puis se remettant : Monsieur, lui dit-elle, aura bientôt borné sa course ; ce jardin n'est pas d'une grande étendue et n'offre pas la simétrie des parterres.

Le Maitre.

Je vous jure, madame, que lorsque vous y êtes, il est rempli de charmes, et qu'on y voit la plus belle rose qui soit sortie des mains du Créateur.

L'Hotesse *en souriant.*

Vous êtes très-galant, mais votre franchise doit en souffrir beaucoup ; et tant pour ne pas vous gêner que pour vous éviter d'aussi honnêtes mensonges, je vais avoir l'honneur de vous saluer.

LE MAITRE.

Ah! de grâce, madame, ne me privez pas de votre conversation : et pour continuer à vous parler avec franchise, je vous assure que je ne serais pas descendu sans cet espoir.

L'HOTESSE.

Vous êtes fort honnête, mais je vous avertis que je n'aime pas les complimens, et que si vous voulez que j'aie l'honneur de m'entretenir avec vous, il faudra les éviter avec le même soin qu'on évite de dire des impertinences.

LE MAITRE.

La condition est un peu dure; mais que ne ferait-on pas pour avoir le plaisir de vous plaire et de faire votre connaissance!

L'Hotesse.

Je doute, monsieur, qu'elle soit d'un grand avantage pour vous; la manière dont tous mes amis m'ont abandonnée en est la preuve.

Le Maitre

C'est qu'ils ne l'étaient pas réellement, et qu'ils ne sentaient pas comme moi tout votre mérite.

L'Hotesse.

Ils me parlaient ainsi dans ma prospérité, et ne m'en ont pas moins tourné le dos lorsque les malheurs m'ont accablée.

Le Maitre.

Vous me rendrez la justice de croire que je ne leur ressemble pas, et si j'ai commis, sans m'en appercevoir, quelqu'indiscrétion ; croyez que l'intérêt que je prends à ce qui vous regarde en est seul la cause.

L'Hotesse.

Je répondrais mal aux honnêtetés que vous me faites, si je pouvais former sur vous des soupçons à votre désavantage; et malgré que le petit nombre de personnes avec lesquelles j'ai eu des liaisons, en aient agi avec peu de loyauté à mon égard, j'aime à croire que les autres ne leur ressemblent pas, et que le hasard a seul rassemblé celles dont j'ai à me plaindre.

Le Maitre.

Si jeune encore, et avoir déjà éprouvé des revers !

L'Hotesse.

Jusqu'à présent ma vie n'a été

qu'un tissu d'infortunes : née de parens nobles qu'un procès ruina, je restai seule d'enfant avec une mère qui, l'avouerai-je, me fit rougir plus d'une fois de ma naissance. La misère nous accueillait ; elle fit tant par ses intrigues avec une marquise, qu'elle trompa un marquis de sa connaissance et me le fit épouser (1). En vous parlant ainsi, monsieur, c'est vous prouver la confiance que vous m'avez inspirée.

Malgré que mon époux apprît sur-le-champ la supercherie, convaincu que je n'avais fait qu'obéir aux ordres d'une mère impérieuse, il me sacrifia son ressentiment, et nous vécûmes ensemble dans la plus grande union ; mais mon

---

(1) Voyez Jacques le fataliste et son maître, par Diderot.

bonheur ne fut pas de longue durée ; mon époux ayant été insulté par un autre gentilhomme, mit l'épée à la main et fut tué raide. Je venais d'apprendre ce malheureux événement, lorsque d'avides héritiers vinrent me chasser de la maison. La Marquise, cette indigne créature, dont j'avais été l'instrument de vengeance et qui n'avait pas voulu que j'en retirasse aucun avantage, ayant fait dresser notre contrat de mariage, que nous avions signé avec confiance, de manière à ce que je n'eusse rien à réclamer. Cependant on ne put m'empêcher d'emporter mes vêtemens et mes bijoux ; je sortis du château, suivie de tous mes domestiques, qui ne voulurent pas me quitter, et m'engagèrent à prendre cette maison, qu'ils se chargèrent de diriger. Je n'ai qu'à me louer d'eux; mes affaires prospèrent et ils ont pour moi le plus tendre attachement, ce qui me prouve que la reconnaisance a encore des partisans.

Le Maitre.

Serait-il possible, madame, que vous fussiez l'épouse du marquis des Arcis, avec qui j'ai eu le plaisir de faire connaissance il y a quelques mois?

L'Hotesse.

Il serait inutile de chercher à vous le dissimuler, quand même j'en aurais l'intention, mon trouble vous décélant assez ce qui se passe en moi; mais lorsque je vous ai estimé au point de vous faire une confidence de cette nature, je ne dois pas vous la faire à demi, en vous cachant quelque chose qui en fait partie. Je suis la veuve du marquis des Arcis, comme vous l'avez soupçonné, et la fille du chevalier de ***.

Le Maitre.

Vous, grand Dieu! je suis votre cousin !..... Votre père était frère du mien; une querelle qu'ils eurent ensemble fut la cause de la désunion qui empêcha que nous nous connussions, mon père ne m'ayant jamais ouvert la bouche à votre sujet ; ce n'est que depuis sa mort seulement que j'appris qu'il avait eu un frère aussi mort, et auquel je ne pensai plus depuis.

L'Hotesse.

Que le ciel soit béni! l'intérêt que je me sentis pour vous dès l'instant que vous arrivâtes, était donc une douce impulsion de la nature, et je n'ai pas tout perdu puisque je retrouve un parent qui prend intérêt à mon sort dans le moment où tout le monde m'a délaissée.

Elle ne put en dire davantage, son cœur s'oppressa et des larmes de joie sortirent de ses yeux. — Voilà un beau sujet pour être représenté sur un théâtre de fantoccinis français ; ce serait dommage qu'il ne se trouvât pas quelqu'auteur qui voulût bien s'en charger. — Quand vous serez las de dire des sottises, vous m'avertirez, monsieur le ricaneur; ne fallait-il pas que j'assassinasse quelqu'un pour vous faire plaisir, ou que je fisse sortir quelque mort de son tombeau ? Je m'en garderai bien, pour deux raisons : d'abord que je m'écarterais de la vérité ; ensuite, que je n'écris pas pour ces cœurs usés que le merveilleux peut seul toucher; mais pour les personnes sensibles que la simple nature sait émouvoir. Cependant, je vous demande excuse de vous avoir apostrophé ainsi; aussi c'est votre faute, vous savez combien je suis vif, il ne fallait pas me pousser à bout.

Après avoir fait plus ample connaissance et s'être témoigné toute l'amitié que la parenté autorise, ils se quittèrent; la cousine, parce qu'on l'avait sonnée; le cousin, pour aller compter à Jacques ce qui venait de se passer.

Il fut tenté de se mettre en colère, lorsqu'il ne le trouva pas à la chambre; il cria à tue tête: Jacques, Jacques! Celui-ci qui, par manière de conversation, était à boire une bouteille avec un vieux domestique de la maison, monta tout en grommêlant, demander ce qu'il désirait. — T'apprendre une nouvelle. — Il faut qu'elle soit bien intéressante, pour me déranger aussi à contre-temps. — Que faisais-tu donc ? — Parbleu ! j'étais à boire un verre de vin avec un vieux domestique qui a justement servi dans mon régiment, et il était en train de me faire part de l'histoire de notre hôtesse qui ressemble bien fort à celle que la maîtresse de Nicole nous a contée. — Que le diable soit des valets ! on ne peut leur apprendre rien de nouveau. T'a-t-il dit aussi qu'elle est ma cousine ? — Pour cela non ; mais qui aurait pu s'en douter ? — Quand il te l'aurait dit, je n'en serais pas surpris ; vous connaissez avant et mieux que nous toutes nos affaires.

JACQUES.

Tenez, monsieur, parlons sur un autre ton, je ne suis pas d'humeur à me quereller.

LE MAITRE.

Au moins conviens que c'est contrariant de voir que ce qu'on a à dire est toujours deviné.

JACQUES.

Je conviens de tout ce que vous voudrez ; mais n'eussiez-vous pas été content que je vous l'eusse appris, si vous l'aviez ignoré ? Dans ce cas, vous devez me savoir gré de l'empressement que j'ai mis à vous le raconter, d'autant mieux que cela a quelque chose de surprenant, surtout votre parenté : mais êtes-vous bien sûr qu'elle soit réellement votre cousine ?

Le Maitre.

Parbleu, si j'en suis sûr! elle est la propre fille de mon oncle; crois-tu donc que je n'aye pas eu une explication circonstanciée avec elle avant que de lui accorder ce titre?

Jacques.

Voilà qui est extraordinaire, étonnant, miraculeux ; ce n'est qu'au premier abord cependant; car lorsque j'y réfléchis, cela devient tout simple. Vous aviez une cousine ; le destin voulut que vous ne la connussiez pas, comme il permet aujourd'hui que vous la reconnaissiez; elle eut des avantures : qui est-ce qui n'en a pas ? grâce à vous, Dieu merci, nous en avons eu quelques-unes dont nous nous serions bien passés. Mais ne parlons pas de cela, c'est seulement pour en revenir à ce que disait mon capitaine, que tout ce qui arrive était écrit là-haut.

LE MAITRE.

Laisse donc là ton capitaine et son système, je n'ai que faire de lui pour y croire; dis-moi, comment trouves-tu ma cousine?

JACQUES.

Encore plus jolie que la cantinière de mon régiment, quoi qu'elle passât pour la perle des femmes et qu'on l'appelât la Belle-de-Jour; je la trouve aussi plus douce et la crois une bien bonne pâte de femme.

LE MAITRE.

La comparaison sent très-fort le soldat; moi je la trouve adorable, et je renoncerais volontier au célibat, si elle consentait à devenir mon épouse.

JACQUES.

Eh bien ! je m'en suis douté à la manière dont vous négligez ma conversation depuis que nous sommes ici.

LE MAITRE.

Je suis étonné que tu ne dise pas l'avoir su avant moi : mais Jacques, comment faire pour lui apprendre les sentimens qu'elle m'inspire.

JACQUES.

Je connais un moyen sûr.

LE MAITRE.

Quel est-il mon ami ?

JACQUES.

C'est de le lui dire.

LE MAITRE.

Au diable le pécore ! je le sais

bien comme toi, et c'est justement ce que je ne veux pas faire.

JACQUES.

En ce cas, je le lui dirai moi-même.

LE MAITRE.

Jacques, jacques, ou vas-tu ? ne serait-ce pas blesser toutes les convenances que d'envoyer son domestique faire une déclaration d'amour ?

JACQUES.

Alors étouffez donc dans votre peau sans vous plaindre, puisque si elle était assez pénétrante pour s'en apercevoir, vous lui sauriez mauvais gré de vous avoir deviné, au moins en agissez-vous ainsi à mon égard.

LE MAITRE.

Il n'en serait pas de même au

sien, car elle me rendrait un grand service.... Chut, chut ! je l'entends qui monte.

L'HOTESSE.

Mon cher cousin, je viens pour vous prier de me faire l'honneur de souper ce soir avec moi; j'espère que vous voudrez bien ne pas me refuser.

LE MAITRE.

Je ne puis au contraire, vous en témoigner assez ma reconnaissance.

L'HOTESSE.

Laissez à cet égard, la reconnaissance de côté; si vous êtes si jaloux de m'en donner des preuves, ce sera en prolongeant votre séjour chez moi.

LE MAITRE.

Que vous êtes aimable! on peut à peine former un souhait, que déjà vous l'avez exaucé. Mon plus grand bonheur est d'être auprès de vous, et vous avez la bonté d'en reculer la durée; croyez que je n'oublirai jamais un tel bienfait.

L'HOTESSE.

Allons, allons, passez votre belle humeur, monsieur le plaisant, je vais aller faire mettre le couvert.

Un mois s'était passé de la sorte, en complaisances de la part de l'hôtesse et en tendres soins de celle du maître; l'habitude de se voir et la douce sympathie mirent bientôt leurs deux cœurs à même de s'entendre et de s'accorder. Le maître
de

de Jacques s'était enhardi : il avait osé déclarer sa flamme et n'avait pas été rebuté ; on lui avait fait quelques faibles objections qu'il avait combattu avec chaleur, et son bonheur venait d'être arrêté par son aimable cousine, qui consentait à lui donner la main à la fin de son deuil. Il devait durer encore deux mois ; mais le maître ne voulut pas qu'elle les passât dans la condition où elle se trouvait ; ils convinrent donc ensemble qu'ils partiraient aussitôt qu'elle aurait mis ordre à ses affaires.

La joie de Jacques était inexprimable, il en faisait des folies. Voir son maître se marier avec une femme aimable, était pour lui le comble de ses vœux. Une lettre qu'il reçut de Dénise l'augmenta encore ; elle était

G

accouchée d'un beau garçon qui se portait à merveille, et elle attendait leur retour pour le faire baptiser, le maître de Jacques devant le tenir sur les fonds. Cependant la réflexion, modérant un peu ses transports, lui fit tenir le monologue suivant :

Je me réjouis...... mais cet enfant est-il bien de moi ?.... ne serait-il pas l'œuvre de mon maître ?... Si cela était, je jouerais un bien vilain rôle !..... Mais non, il n'y a que neuf mois que nous sommes mariés...... Dénise n'aura pas succombé tout de suite ; elle était vertueuse, et il aura fallu du temps pour la séduire : oh ! il est bien de moi.

Rassuré par ce raisonnement, il fut trouver son maître à qui il fit part de l'heureux événement qui le rendait père, et du besoin qu'on avait de leur présence. Presqu'aussi satisfait que Jacques, il lui promit d'aider à sa cousine à faire ses préparatifs, afin de partir le surlendemain.

Il lui tint parole, les affaires furent mises en ordre. L'auberge resta aux fidèles domestiques pour les récompenser de leur zèle; ils étaient quatre, deux maris et leurs femmes, et dès ce moment, ils en devinrent propriétaires et associés.

Nos voyageurs partirent dans une berline et firent la route très-gaîment; ils s'arrêtèrent à l'auberge du Grand-Cerf, le maître désirant revoir celle qui avait si bien servi d'avocat à sa chère cousine; elle les reconnut sur-le-champ, et leur témoigna tout le plaisir qu'elle ressentait de les voir en bonne santé : mais sa surprise ne fut pas médiocre lorsqu'elle apprit ce qui s'était passé. Eh bien ! dit-elle au maître, lorsqu'elle put le joindre en particulier, jugerez-vous encore des personnes sans les connaître ? n'avais-je pas raison d'en dire tout le bien possible ?

LE MAITRE.

Je me suis déjà fait tous les reproches que je méritais, et je me promets d'être plus circonspect à l'avenir.

L'HOTESSE.

Voilà le sort des pauvres femmes ! on les juge toujours avec rigueur, sans se mettre en peine de savoir si les apparences ne sont pas trompeuses ; trop heureuses si le temps parvient à dissiper le nuage dont leur réputation est obscurcie.

Le Maitre.

Je m'aperçois que la défense de votre sexe vous indispose un peu contre moi; mais à tout péché miséricorde : faisons la paix et n'en parlons plus.

L'Hotesse.

Soit, je suis assez vengée dès que vous reconnaissez votre tort.

La sonnette du souper appela les convives, et chacun fut se mettre à table. Nos voyageurs mangèrent dans la chambre de l'hôtesse qui voulut former avec eux une partie carrée. — Et son mari, vous n'en faites guère mention ; est-ce qu'il ne fut pas du souper ? — Non, sans doute, son poste était à la cuisine, et il se serait donné bien de garde de le quitter ; un sien compère lui tenait compagnie et l'aidait à vider quelques bouteilles d'un bon vin qu'il conservait pour de pareils tête-à-tête. Nanon s'était chargée de toutes les clefs, de manière que sa femme se trouvait entièrement libre, d'autant mieux que ce soir-là ils n'avaient pas beaucoup de monde.

Ils furent servis par un jeune homme, dont la figure spirituelle et les saillies heureuses plurent singulièrement à la compagnie; le maître de Jacques, surtout, témoigna à l'hôtesse combien il lui plaisait, et lui demanda depuis quand il était chez elle pour qu'il ne l'eût pas déjà vu.

L'Hotesse.

Il y a huit jours que son père me l'a amené pour passer quelque temps ici; il est mon neveu et le plus rusé petit drôle qu'on puisse trouver. Si vous le désirez, je vais vous donner un échantillon de son savoir faire. — Volontiers, volontier, s'écrièrent les convives à la fois, cela nous divertira.

« Il y a quelque temps que cet espiègle de la première force, s'avisa de quitter son père, pour aller à Paris; il avait alors quinze ans, et ne possédait aucun talent qui pût garantir son existence. Cette difficulté, loin de l'arrêter, ne le toucha que faiblement; il partit par une belle soirée d'été qu'on le croyait couché, se reposant entièrement sur sa facilité à trouver des expédiens. Comme ses parens ne se doutaient de rien, il n'eut pas de peine à s'évader; de manière que lorsqu'on s'aperçut de sa fuite, il était déjà loin. Cependant, malgré sa célérité, il ne put tellement faire de chemin qu'il ne fût bientôt rejoint par un cavalier qui courrait à bride abattue. Il était alors à manger, sur l'herbe, un morceau de pain et de jambon qu'il avait eu la précaution d'emporter, quand ce même cavalier s'arrêta pour lui demander s'il n'aurait pas vu un jeune homme de quinze ans, en chapeau rond, habit bleu, culotte de peau et gilet de panne mouchetée. Notre petit diable qui avait bien prévu ce qui devait arriver, n'avait pas oublié non plus de changer d'habit, persuadé que son père, marchand assez aisé de la ville voisine, mettrait du monde à ses trousses, avec son signalement. Il vit bien que celui qui le questionnait était un de ses émissaires, et il lui répondit, avec une effronterie qui lui était particulière, qu'effectivement il l'avait vu passer, il y avait à peu près trois heures, monté sur le cheval de main d'un postillon qui conduisait en diligence un équipage à Paris ; qu'il lui avait même parlé, étant lié d'amitié avec lui, et en avait appris qu'il allait chez une de ses tantes, pour faire ses études au collége de Navarre.

» Le messager, dont le cheval était déjà fatigué, n'espérant pas le rattraper en chemin, allait continuer sa route à petites journées jusqu'à la capitale, où il avait ordre de faire faire, par la police, toutes les perquisitions nécessaires pour retrouver un fils tendrement chéri de son père, lorsque le petit garnement voulant profiter d'une occasion si favorable de n'aller pas à pied, lui représenta que ce serait en vain qu'il se mettrait à la piste du fuyard, qu'il connaissait trop fin pour se laisser prendre dans ses pièges, et lui assura que s'il voulait s'en rapporter à lui, il se faisait fort de le retrouver, son ami n'ayant aucune défiance à son égard, et lui ayant donné un rendez-vous où il espérait le revoir. Le messager, qu'un pareil discours avait rendu attentif, le pria de vouloir le lui indiquer ; mais celui-ci jura qu'il n'en ferait rien, disant qu'il voulait bien se prêter de tout son pouvoir à l'arrestation de ce qu'il appelait un étourdi, pourvu qu'il consentît à le prendre en croupe derrière lui et à le défrayer tout le long de la route, sans quoi il était bien son serviteur.

» Après avoir réfléchi un mo-

-ment, et considéré qu'il en coûterait beaucoup moins par ce moyen qu'en employant les limiers de la police, le messager acquiessa à ce qu'il demandait. Les choses ainsi réglées, ils montèrent tous deux à cheval, l'un dans l'espérance de saisir bientôt sa proie, et l'autre d'arriver à son but fort agréablement.

» Cette situation d'esprit les ayant mis en train de converser, Alexandre, mon neveu, demanda à son conducteur comment on s'était aperçu du départ de celui qu'il cherchait, et quelle pouvait en être la cause. Ma foi, répondit-il, je ne peux pas deviner ce qui a occasionné la fantaisie qui lui a pris de voyager ; je crois que c'est simplement l'envie de voir du pays ; ses parens ayant pour lui toutes les complaisances possibles, il n'a pu éprouver de chagrin assez fort pour le pousser à cette démarche ; mais il s'en repentira bientôt s'il ne l'a déjà fait ; il sentira la différence qu'il y a d'être livré à soi-même, sans ressource et sans argent, à être chez de bons parens qui savent prévoir tous nos besoins ; il reconnaîtra son ingratitude envers ceux à qui il n'a à reprocher qu'un peu trop d'indulgence à son égard, et finira, s'il ne se corrompt pas, par leur demander pardon et se jeter dans leurs bras. Quant à sa fuite, deux draps attachés au bout l'un de l'autre au balcon de sa croisée, n'ont pas permis d'en douter. Ce fut son père qui les découvrit le premier. Quelle fut sa douleur, grand Dieu ! je n'ai jamais vu de pareil spectacle ; le pauvre homme jetait des cris perçans, se roulait à terre et donnait des marques du plus grand désespoir. A ce récit, Alexandre se sentit ému et versa même quelques larmes ; car dans le fond c'est un bien bon enfant. Il dissimula cependant et fit taire sa conscience, son amour-propre ne lui permettant pas de retourner sur ses pas ; mais son conducteur remarquant son trouble, lui en témoigna sa surprise.

» Le récit que vous venez de me faire, lui répondit-il, du chagrin de ce bon père, me fait penser à celui que la mort m'a enlevé il y a trois mois ; j'en étais aussi chéri qu'il est possible de l'être ; il avait pour moi cette même indulgence dont vous venez de me parler. Hélas ! pourquoi la fortune cruelle m'en a-t-elle privé sitôt, je ne serais pas obligé maintenant d'aller à Paris chercher une condition; son talent me faisait vivre et je n'aurais pas perdu le guide le plus sûr pour faire mon entrée dans le monde. — Pauvre petit, faut-il que celui que je cherche ne partage par tes sentimens!.... Je n'en suis pourtant pas étonné; ce n'est qu'au sein du malheur que le cœur se forme à la vertu, et peut-être ne penserais-tu pas mieux si tu étais à sa place. — Je me plais à croire qu'il n'est que dans l'erreur et qu'aussitôt qu'il la reconnaîtra il en rougira de honte; d'ailleurs vous devez mieux le juger, le connaissant plus particulièrement que moi, sans doute. — Vous vous trompez, je ne le connais pas, malgré que je sois cousin-germain de son père, et que je m'appelle Furet ainsi que lui, puisque ce fut hier pour la première fois, depuis vingt ans, que je vins dans ce pays, et que j'eus le plaisir d'embrasser mon parent. Comme j'arrivai sur les minuit, mon petit-cousin était couché dans une chambre qui donne sur une rue le; je ne voulus absolument pas souffrir qu'on le réveillât, et je remis au lendemain le plaisir de le serrer dans mes bras. Mais quelle fut ma surprise, lorsque, sur les six heures du matin, les cris de son malheureux père m'apprirent la folle démarche qu'il venait de faire ! je partageai bien sincèrement son chagrin, et m'offris pour poursuivre son fils. Il accepta ma proposition avec transport ; je montai à cheval et pris à tout hasard cette route, tandis que mon cousin, suivi d'un domestique, s'en fut d'un autre côté. Le hasard, propice à mes vœux, a voulu que je vous rencontrasse pour m'aider à tirer un insensé du précipice.

» Après plusieurs jours de marche, car je ne sais pas au juste le temps qu'ils mirent à faire la route, nos voyageurs arrivèrent à Paris dans la meilleure intelligence. M. Furet aurait désiré faire sur-le-champ toutes les démarches nécessaires ; mais Alexandre qui voulait ménager deux écus de six francs qui constituaient sa fortune, et qui étaient le fruit de ses épargnes, lui représenta que souvent trop de précipitation gâtait les plans les mieux concertés ; que son ami ne l'attendait que dans quatre jours au plutôt, et que s'il le voyait avant ce temps, il pourait concevoir quelque soupçon. Le cousin goûta son avis et consentit à différer toute poursuite jusqu'à ce délai. Pendant ce temps, Alexandre offrit ses services à plusieurs personnes, et ne put trouver une place de jockey qu'il désirait ; il avait soin toutefois de ne se pas faire attendre à l'heure des repas par son nourricier ; car dans son humeur maligne, il donnait ce nom à son cousin, qui eut la complaisance de lui faire voir les principales curiosités de Paris et de le mener au spectacle.

» Les trois premiers jours expirés, Alexandre fut sommé de tenir sa parole le lendemain. Il promit plus qu'on ne lui demanda ; il observa cependant qu'il manquait quelque chose pour la réussite de son projet, qu'étant totalement dépourvu d'argent, il ne pouvait entraîner son ami dans quelque café, où il serait plus aisé de s'en saisir que dans le milieu du Palais-Royal, où il devait se rendre d'après sa promesse; que ce palais était plein d'issues par où il lui serait facile de s'évader. Vous avez parbleu raison, lui dit M. Furet, j'admire la profondeur de votre jugement. Voilà six francs pour les frais, et je vous en promets douze, après la réussite de notre projet. Alexandre le remercia et fut se coucher. Arrivé à sa chambre, il se mit à réfléchir à ce qu'il devait faire, en marchant de long en large, ce qui lui fit tenir le monologue suivant: Voilà, si je ne me trompe, un moyen bien sûr d'augmenter ma bourse...... c'est décidé, je ne pars pas ce soir, comme je l'avais prémédité..... douze francs à gagner et le plaisir de rire aux dépens du cher cousin, méritent bien la peine de faire voir son adresse. D'ailleurs ce ne sera pas un vol, puisqu'étant dans mes mains, les écus ne changeront pas de famille. Ah! ah! ah! mon cher cousin, ce n'était guère la peine de vous déranger. En attendant, profitons du bon lit que j'ai à ma disposition, car demain je n'y coucherai plus.

» L'heure de se lever venue, notre petit fourbe descendit de sa chambre et alla trouver M. Furet, qui fut très-surpris de lui voir le sac sur le dos. — Où allez-vous donc ainsi? — Avez-vous déjà oublié le sujet de votre voyage?

Ne s'agit-il pas d'arrêter votre petit-cousin ? — Sans doute ; mais pourquoi ce paquet ? — Vous ne pensez donc plus que je suis arrivant et non pas domicilié ; qu'en conséquence je dois avoir mon paquet sur le dos ? — A merveille, à merveille ; je conviens que vous avez plus d'esprit que moi, je n'y pensais nullement. — Je vous en ferai preuve tantôt, et vous verrez s'il est aisé d'éviter mes piéges. — Que je vous ai d'obligations ! — Pas tant que vous le pensez...... Croyez-vous que le plaisir de retirer mon ami de la misère où son imprudence va le plonger, n'entre pas pour quelque chose dans mon empressement à vous servir ? — Le bon cœur ! — Rien de plus naturel. Vous ne lui voulez peut-être pas tant de bien, vous ? — Pourquoi donc ?

— Pour tous les désagrémens qu'il vous cause, sans ceux qu'il pourra encore vous causer; car je vous conseille de le veiller de près lorsqu'il sera en votre pouvoir. — Quant aux premiers, ils seront oubliés dès que je le retrouverai; pour ceux que vous craignez, je les lui pardonne d'avance s'il est assez fin pour me jouer.

» On apporta le déjeûner auquel Alexandre fit honneur; il semblait à le voir qu'il mangeât en désespéré et voulût prendre ses trois repas à la fois. Il fallut pourtant sortir de table; en se levant il mit une cuisse de volaille dans sa poche; ce que son cousin voyant, il lui en demanda la raison. — Elle est toute simple; croyez-vous qu'après le rôle que je vais jouer, j'oserais me représenter ici? il n'y ferait ma foi pas bon pour moi, et je n'en ressortirais pas avec mes deux oreilles. Je vous prie même, puisque vous voulez accorder une récompense à l'action que je vais faire, quoique vous ne me deviez rien pour cela ; je vous prie, dis-je, de me la donner aussitôt qu'elle sera terminée ; je craindrais trop de rester plus long-temps avec vous. — Je pense qu'en ma présence il n'oserait se porter à aucun excès ; mais pour ne pas le mettre dans le cas de reconnaître si mal ce que vous faites pour lui, aussitôt que je lui aurai mis la main sur le collet, je vous donnerai ce que je vous ai promis. Sortons, et voyons comment vous allez vous y prendre. — Je vous répète encore que je suis sûr de mon coup, pourvu que vous observiez bien ce que je vais vous dire : nous allons nous séparer et conserver entre nous une centaine de pas de distance ; je me promenerai seul dans le palais jusqu'à ce que je rencontre votre cousin qui ne manquera pas, lorsqu'il m'apercevra, de venir à moi avec empressement ; je l'attirerai dans un café ; alors je me tiendrai la tête découverte, pour vous donner le signal d'approcher. Les choses ainsi arrêtées, ils sortirent ensemble dans l'ordre convenu, et arrivèrent au Palais-Royal comme deux personnes qui n'ont aucune relation entr'elles. Alexandre fut s'asseoir sur un banc pour réfléchir au moyen de sortir avec honneur d'une aventure aussi hardie ; il n'y rêva pas long-temps : un jeune homme vint à passer à côté de lui, qui lui suggéra une idée diabolique. — Parbleu ! voilà bien mon affaire ; ce jeune homme a un habit bleu, une culotte de peau, et est à peu près de mon âge..... Il est contrariant qu'il n'ait pas un chapeau rond et un gilet de panne..... C'est égal, il faut que j'en fasse l'héritier de mon père, et à un gilet et à un chapeau rond près, on ne doit pas y regarder.... D'ailleurs, il est censé en avoir fait un troc pour se déguiser un peu. Quelle reconnaissance ! quel coup de théâtre !..... comment tenir son sérieux ?.... il faudra pourtant bien faire son possible pour ne pas rire..... abordons-le. Aussitôt il s'éloigne de son banc avec la rapidité de l'éclair et va sauter au cou du jeune homme qui, tout étonné, lui demande ce qu'il

y

y a pour son service. — Je vous fais bien mes excuses ; je vous ai pris pour le meilleur de mes amis, ce qui me faisait d'autant plus de plaisir, qu'arrivant dans cette ville pour la première fois, je suis embarrassé pour trouver l'adresse d'un banquier à qui mes parens m'ont adressé.—Monsieur, s'il ne faut que cela pour vous satisfaire, dites-moi son nom, je suis presque sûr que je vous enseignerai sa demeure. — Vous me rendriez un grand service, et si je ne craignais d'abuser de votre complaisance, je vous prierais même de vouloir bien entrer au café voisin, pour me donner quelques renseignemens sur différentes personnes notables de cette ville. Soyez assuré que si vous voulez m'accorder l'honneur de cultiver votre connaissance,

H

vous ne vous repentirez pas de m'avoir obligé. — Je serais bien incivil si je n'avais pour un étranger aussi honnête que vous le paraissez, une complaisance aussi légère ; je me charge de vous indiquer tout ce que vous cherchez et même de vous servir de guide. Le Judas, feignant de ne plus se posséder de joie, saute encore une fois au cou de cet honnête jeune homme et l'emmène avec lui au café, tenant son chapeau à la main, comme il en était convenu pour signal.

» M. Furet qui n'avait pas perdu un de leurs gestes et qui avait remarqué les deux embrassades, entre presque aussitôt qu'eux, bien persuadé que son jeune cousin ne peut lui échapper. Sitôt qu'Alexandre le voit paraître, il se retourne vers son

camarade, et lui dit tout haut :
« Mon ami, me pardonneras-tu le
tour que je viens de te jouer ;
je t'ai trahi, j'en conviens, mais
ce n'a été que dans la vue de
te retirer du mauvais pas où tu
allais te jeter ; voici ton cousin
que tes bons parens envoyent à
ta poursuite et à qui je te remets ;
fais les choses de bonne grâce et
retournes-t'en avec lui retrouver
ceux que tu as tant offensés et
qui veulent bien, par une bonté
sans exemple, te pardonner ta
sottise. » Le jeune homme interdit
avait changé de couleur pendant
ce récit ; mais reprenant ses esprits, il reconnut qu'il était la
dupe d'un aventurier. — Voilà
donc le résultat de la fourberie
que vous avez employée tout à
l'heure pour m'attirer dans cet
endroit ? — Je conçois quelle doit

être ta colère. — Me jouer ainsi! moi, dont la bonne foi ne pouvait soupçonner la vôtre; me présenter un cousin que je ne connais pas et qui n'est pas le mien; quel est donc votre but? — De te rendre à la raison et à ton père. — Je sors d'avec lui, et je n'ai rien à démêler avec vous; veuillez bien me laisser sortir. — Parbleu! c'est pousser la dissimulation un peu loin; je m'attendais bien à quelques petits débats, mais je n'aurais pas cru que vous eussiez soutenu un mensonge aussi effrontément. Comment pouvez-vous soutenir que vous n'êtes pas Alexandre Furet, le compagnon de mon enfance, que je n'ai pas perdu de vue jusqu'à ce jour? — Vous en avez menti, je ne suis pas ce que vous dites; et par un mouvement d'impatience, le jeune Parisien donne à son accusateur, un soufflet des mieux appliqués. Alors, tout l'auditoire voyant que le véritable Alexandre avait reçu cet affront avec une douceur évangélique, prit parti contre son adversaire qu'il traita d'effronté, de bandit que son père devrait faire renfermer. Il eut beau protester de son innocence, on ne le crut pas, et il fut fort heureux que son prétendu cousin lui mît la main sur le collet, pour le soustraire à l'indignation des spectateurs. Lorsqu'ils furent dehors, il voulut se justifier de nouveau et affirmer que son père était marchand rue de Sèvres, faubourg Saint-Germain ; mais Alexandre prenant la parole : Ruse que cela, lui dit-il, je vous connais pour un fin matois qui voudriez trouver le moyen d'échapper; mais si monsieur veut me croire, il n'ajoutera pas foi à ce que vous dites.—Non, sans doute, et pour vous prouver que je crains peu sa malice, je veux le conduire seul. Voici les douze francs que je vous ai promis; je conviens que ce n'est pas assez payer le service que vous me rendez; mais soyez assuré que ma reconnaissance sera éternelle. Après mille protestations, ils se séparèrent et prirent une route tout à fait opposée.

» La scène qui venait de se passer avait dessillé les yeux du jeune homme; il vit clairement que celui qui voulait être son cousin, était la dupe d'un petit filou : il lui fit même part de ses réflexions à ce sujet; mais il n'en voulut rien croire, et ne s'en tint que plus fort sur ses gardes, contre celui qui lui donnait un avis aussi sage. Il ne fut pourtant pas long-temps dans l'erreur; car à peine avait-il fait cent pas, qu'il entendit un homme appeler à haute voix : Emanuel ! A ce nom, son compagnon se retourne brusquement et reconnaît son père, qui d'un ton de colère, lui demande pourquoi il n'est pas à sa classe ? — Mon papa, si toutefois monsieur veut bien que je vous accorde ce titre-là, car il vous en dispute la légitimité, vous ne pouviez arriver plus à propos ; je suis arrêté comme un fuyard qui a déserté la maison paternelle, et monsieur, qui se dit mon cousin, se propose de m'emmener avec lui, bon gré malgré, dans un pays éloigné, pour voir des parens que je ne connais pas. — Qu'est-ce que cela signifie, monsieur, et que voulez-vous à mon fils ? pensez-vous que l'on soit votre dupe ? On connaît trop le manège des gens de votre sorte : pour avoir leur argent, ou en tirer une utilité quelconque, tous les étrangers deviennent leurs cousins ; mais croyez-moi, passez votre chemin et laissez les honnêtes gens tranquilles. — Ménagez monsieur, je vous en prie, il n'est pas ce que vous pensez ; au contraire, on vient de le tromper indignement : un petit filou pour avoir douze francs de récompense, a si bien su lui persuader que j'étais celui qu'il cherchait, et s'y est pris si adroitement pour me faire paraître tel, que vingt personnes qui étaient présentes lorsqu'il m'a fait arrêter, ont été convaincues, aussi bien que lui, que je l'étais réellement, et ont pris parti contre moi. — C'est différent; monsieur, je vous fais mes excuses de vous avoir si mal jugé; mais je vous jure qu'il y avait de quoi y être trompé, et pour vous prouver que j'en suis sincèrement fâché, je vous offre mes services pour vous aider dans vos recherches, et vous prie de vouloir bien accepter ma soupe, afin d'apprendre à connaître ma demeure.

» Le pauvre M. Furet, tout confus de ce qui venait de se passer, consentit, sans en avoir l'intention, à ce qu'on lui proposait, et suivit l'inconnu sans s'en apercevoir. »

JACQUES.

A propos, notre hôtesse, il

me semble que vous ne feriez pas mal de poser une virgule à cet endroit, et de nous verser à boire ?

L'Hotesse.

Volontiers ; à la santé de madame la Marquise et de monsieur son prétendu.

Jacques.

Attendez donc que mon maître ait pris sa prise et regardé à sa montre ; vous voyez bien qu'il ne vous entend pas, tant il est occupé.

Le Maitre.

Ah ! pardon, j'avais l'esprit ailleurs, et ma chère cousine était l'objet de ma distraction.

La Marquise.

Toujours d'obligeans mensonges......

JACQUES.

Lorsque je lui arrachai le nez pour le tirer de ses réflexions, sans doute qu'il pensait déjà à vous, car il était sujet à de fréquentes absences.

LE MAITRE.

Te tairas-tu, insolent, ou je te frotte les oreilles ?

JACQUES.

Allons, pas d'humeur, j'y consens, pourvu que notre hôtesse veuille bien continuer son histoire.

L'HOTESSE.

Avec plaisir ; aussi bien il se fait tard, et il me reste encore beaucoup de choses à dire. « M. Furet, comme je vous l'ai déjà dit, fut dîner chez M. Emanuel, qui le traita avec beaucoup d'égard et lui tint parole. Ils firent ensemble toutes les recherches possibles, mais en vain. Enfin, lassé de voir qu'elles étaient inutiles, et que son séjour à Paris l'entraînait à beaucoup de dépenses, notre malheureux perquisiteur prit le parti de s'en retourner, fort embarrassé de savoir ce qu'il dirait à mon frère.

» Pour surcroît de malheur, le petit démon d'Alexandre avait eu la méchanceté d'écrire à son père la lettre suivante, qui l'avait fort indisposé contre son cousin. Voici comme elle était conçue :

Mon Papa,

« Ce n'est pas sans avoir res-
» senti la plus vive douleur que
» j'ai appris le chagrin que

» vous a causé mon départ; je
» serais même retourné pour em-
» brasser vos genoux, si un de
» vos cousins, que vous avez
» envoyé à ma poursuite, n'avait
» contribué lui-même à m'en éloi-
» gner en m'emmenant à Paris,
» et en me donnant de l'argent
» pour y subsister, jusqu'à ce que
» j'aie trouvé de l'occupation ;
» je vous prie cependant, de ne
» lui en savoir pas mauvais gré ;
» car c'est bien le meilleur homme
» du monde, qui, s'il en a agi ainsi,
» a cru qu'à sa place, vous en
» eussiez fait autant. Veuillez
» donc bien, je vous en supplie,
» lui en témoigner ma reconnais-
» sance à son retour, et l'assurer
» que je n'oublirai de ma vie ce qui
» s'est passé entre nous. Quant à
» mes sentimens à votre égard,
» ils sont tels qu'il a fallu que

» l'envie de voyager me tînt
» aussi fort, et que les circons-
» tances y contribuassent d'une
» manière aussi engageante, pour
» que je me sois décidé à rester
» si long-temps éloigné. Recevez
» donc l'assurance, ô mon pere!
» qu'aussitôt ma curiosité satis-
» faite, je n'aurai pas de plus grand
» plaisir que celui de vous faire
» oublier ma faute en allant l'ex-
» pier à vos pieds. »

Votre respectueux fils,

Alexandre FURET.

» *N. B.* Puissiez-vous encore
» vous intéresser assez à moi, pour
» intercéder auprès de la meilleure
» des mères, afin qu'elle conserve
» son affection à celui qui l'aime
» plus que sa vie. »

« Ce fut deux jours après la réception de cette lettre, que M. Furet arriva chez son cousin. L'accueil qu'il en reçut eut tout lieu de le surprendre; mais lorsqu'on lui eut fait part de la lettre d'Alexandre, il trouva le mot de l'énigme et n'en fut plus étonné; après en avoir ri tant que ses forces le lui permirent, il fit à mon frère le détail de tout ce qui lui était arrivé.

» Ce fut alors que les ris redoublèrent et que le père d'Alexandre pensa en étouffer; je crois que si son fils était arrivé dans ce moment, sa paix eût été bientôt faite, et qu'il n'aurait pu prendre l'air grave qui aurait convenu dans une pareille circonstance, tant il trouvait plaisant le stratagême dont il s'était servi pour échapper à son cousin, et en tirer l'argent dont il avait besoin.

» Revenons maintenant à Alexandre. Lorsqu'il eut reçu de M. Furet les douze francs qu'il convoitait et qu'ils se furent séparés, il s'éloigna promptement du lieu où venait de se passer une scène qui pouvait, d'un instant à l'autre, tourner à son désavantage. Lorsqu'il se crut en sûreté, il entra dans une auberge de petite apparence, où il demanda ce qu'il lui en coûterait pour la nourriture et le logement pendant un mois. L'hôte voulait avoir trente-six francs ; enfin, après s'être mutuellement tracassés, ils convinrent à dix écus, qui furent payés d'avance.

» Voilà déjà une inquiétude de moins, se dit en lui-même Alexandre ; mon argent est bien placé, il ne s'agit plus que d'en gagner d'autre ; mais je crains que cela ne soit pas aussi facile, au moins je ferai mon possible.

» Il ne se trompait pas, le pauvre enfant ; il s'adressa inutilement à deux cents personnes : les unes ne pouvaient pas l'employer, les autres le trouvaient trop jeune ; de manière que son mois venant à échoir et n'ayant pas de quoi en payer un autre, l'aubergiste le mit à la porte.

» Ce fut alors qu'il regretta bien sincèrement d'avoir quitté son père, et vit dans toute son étendue la sottise qu'il avait faite. Elle n'était cependant pas irréparable ; il n'avait qu'à retourner chez ses parens, ils l'eussent encore reçu avec plaisir ; mais les enfans n'ont pas d'expérience et ne connaissent pas le cœur d'un père; il aima mieux prendre le parti de s'enrôler dans la marine, pour laquelle on recrutait; et dans ce dessein il traversait les Tuileries pour aller se présenter au recruteur, lorsqu'il fit rencontre d'un homme vêtu d'un habit qui avait été noir, et dont une vaste perruque jaune couvrait la tête décharnée, qui, remarquant en lui un air triste et rêveur, l'aborda en lui disant: Mon ami, il me semble que vous avez du chagrin; je m'interresse aux jeunes gens, contez-le moi, je pourrai peut-être y apporter quelque remède; vos parens auraient-ils quelques procès, vous seriez-vous brouillé avec la justice? parlez, ces sortes d'affaires sont de mon ressort, et je doute fort qu'elles puissent tomber en meilleures mains; un peu de franchise et vous vous en trouverez bien.

» Alexandre, qui pendant ce bavardage avait eu le temps de se recueillir, se mit à pousser un profond soupir. Hélas ! monsieur, répondit-il, il y a long-temps que mes pauvres parens n'ont plus rien à démêler avec les hommes, et que Dieu les a appelé à son tribunal ; quant à moi, si vous pouvez me débarrasser de mon plus grand ennemi, je ne pourrai trop vous en témoigner ma reconnaissance. —Volontiers ; comment l'appelle-t-on ?... où demeure-t-il ?... et que vous a-t-il fait ? — Il est facile de vous satisfaire : son nom est le Besoin ; il habite chez tous les malheureux, et s'occupe continuellement à me poursuivre. — Fort bien, fort bien ; vous êtes facétieux à ce qu'il paraît; votre caractère me plaît, et il ne tiendra qu'à vous de devenir heureux puisque le ciel permet que je m'y intéresse. Savez-vous écrire? — Oui monsieur, c'est en quoi j'excelle. — Bravo ! voulez-vous être mon clerc ? je suis, sans me flatter, l'avocat le plus éloquent de Paris, et vous ne pouvez manquer, en travaillant sous ma direction, de devenir un grand sujet. — Ce que vous me proposez, monsieur, m'oblige on ne peut davantage, et dès ce moment, vous pouvez disposer de ma personne. — En ce cas, suivez-moi ; je vais vous présenter à mon épouse qui est bien la meilleure femme qu'on puisse trouver.

» Chemin faisant, l'avocat fit à Alexandre plusieurs questions sur sa famille, à quoi celui-ci, avec sa présence d'esprit ordinaire, répondit sans se couper, et de manière à mettre sa pénétration en défaut.

» Satisfaits l'un de l'autre, ils arrivèrent à la maison où M. de la Rapinière, (c'est ainsi que s'appelait cet illustre avocat), occupait un logement au troisième étage. Après avoir frappé à sa porte, une grande femme sèche et déguenillée, de la figure la plus sinistre, vint leur ouvrir. A cet aspect, Alexandre faillit reculer de frayeur; elle aperçut avec dépit l'impression qu'elle avait faite sur lui: aussi lorsque monsieur son époux lui eut fait part de ce qui venait de se passer, et qu'Alexandre allait être son vassal, ne manqua-t-elle pas, pour se venger, de l'humilier impitoyablement. — Voilà ma foi une belle affaire que vous venez de conclure, elle est bien digne d'un grand bénet comme vous ! Comment, vous vous en rapportez à un petit aventurier, qui a préparé d'avance la fable qu'il devait raconter au premier nigaud qui voudrait bien l'entendre, et d'après ce beau récit, vous vous laissez attendrir au point de le prendre à votre charge. N'avez-vous pas réfléchi qu'un jeune homme de cet âge, est capable d'engloutir trois livres de pain par jour et qu'il n'est pas dans le cas de les gagner. — Ma mignonne, pas de courroux, je t'en prie ; j'ai pesé, calculé et raisonné ce que tu viens de dire ; mais si d'un côté il m'occasionne de la dépense, de l'autre combien de rôles ne m'écrira-t-il pas pour cela, sans parler de l'utilité dont il te sera pour faire tes commissions, laver ta vesselle, et faire ton lit que tu regardes comme une fonction si fatiguante. Allons, rends-toi à l'évidence, et conviens que je connais mes intérêts.

» La fierté d'Alexandre avait terriblement souffert pendant ce dialogue ; vingt fois il avait été sur le point de traiter l'avocat et sa femme comme ils le méritaient, et vingt fois l'horreur de l'avenir l'avait retenu. Son infortune l'avait déjà rendu prudent, et malgré qu'il reconnût qu'au lieu d'un homme compatissant et généreux, il n'avait trouvé dans M. de la Rapinière, qu'un froid égoïste, spéculateur de sa misère, il ne lui en témoigna rien et prit possession, en attendant mieux, du double emploi de femme de ménage et de clerc d'avocat.

» Il y avait déjà huit jours qu'il était chez son patron dont il avait tout lieu de se plaindre, ainsi que de sa chère moitié qui le faisait mourir de faim, lorsqu'une avanture assez comique le vengea en partie de leur avarice.

» Un homme de bonne maison qu'un dérangement d'esprit, qui le rendait quelquefois furieux, avait mis dans le cas d'être renfermé à Bicêtre, profita un jour de ce qu'une compagnie que la curiosité avait amenée, sortait pour se glisser parmi elle; il y réussit d'autant mieux, que rien en lui n'annonçait la démence; la propreté de ses vêtemens désignait au contraire quelqu'un d'aisé, d'aisé, qui n'était venu que pour visiter la maison. On lia même conversation avec lui, et il s'en tira avec tant d'aisance d'esprit, que le plus fin y eût été trompé; aussi passa-t-il au milieu de ses gardiens sans qu'aucun d'eux le remarquât.

» Sitôt qu'il se vit libre, il se mit à courir les rues de Paris, sans avoir aucun dessein déterminé; lorsque s'arrêtant tout à coup, il s'écrie, dans un transport frénétique: Ne trouverai-je donc pas un maudit avocat qui voudra bien se charger de ma cause ? Quelqu'un qui l'entendit, le prenant pour un étranger peu au fait de la capitale, eut la charité de lui enseigner M. de la Rapinière.

» Sans perdre de temps en vains remercîmens, notre fou tout essoufflé arrive chez l'avocat.

Monsieur, lui dit-il, vous voyez en moi un homme que le ciel vous envoie pour faire votre fortune, si, de votre côté, vous pouvez me faire rendre la justice qui m'est due. Je suis fils d'un millionnaire de Marseille, dont le commerce était fort étendu ; à l'âge de vingt ans, il m'envoya dans le Levant sur un de ses vaisseaux, d'où, après y avoir terminé les affaires dont j'étais chargé, je revenais avec une riche cargaison, lorsque je fus pris par un corsaire qui m'emmena à Tunis, où je restai dix ans dans l'esclavage, au bout desquels, les pères de la Rédemption me rachetèrent, ainsi qu'une trentaine de mes camarades.

» A mon retour dans ma patrie, j'appris que depuis six années, environ, mon père était mort, et que mon frère qui m'avait cru péri, était entré en possession de ma part de l'héritage. Je pensai lui faire un sensible plaisir en le persuadant que j'étais vivant, et je fus lui rendre visite ; mais quelle fut ma surprise, lorsque me regardant avec mépris, il renia que je fusse son frère et me menaça de me faire renfermer. J'eus beau lui donner tous les renseignemens possibles et lui montrer un signe qu'il me connaissait bien, il ne voulut rien entendre. Ne doutant plus d'après cela qu'il ne fût de mauvaise foi, je devins furieux et fis des extravagances dont il sut tirer parti; car ayant trompé les magistrats, il me fit passer pour fou et conduire à Bicêtre, où depuis ce temps je languis, sans avoir jamais eu occasion de pouvoir donner de mes nouvelles à un oncle et à une tante qui ont une grande affection pour moi, ni trouver de moyen de me sauver. Aujourd'hui, seulement, j'ai pu parvenir à tromper la vigilance de mes gardiens, en profitant de ce que plusieurs personnes sortaient pour m'évader avec elles. J'ai écrit sur-le-champ à mon oncle de qui je recevrai réponse dans une quinzaine de jours ; mais c'est peu de chose que tout cela, si je ne trouve un homme de loi qui veuille bien me recevoir chez lui jusqu'à ce temps et se charger de mon affaire.

» L'avocat que l'appât du gain avait ébloui, lui dit qu'il se trouvait heureux de la préférence qu'il voulait bien lui donner sur ses confrères, et que dès ce moment, il pouvait commander chez lui ; ce qu'il fit avec autant d'aisance que s'il eût donné douze francs par jour. Il lui fallait de bon vin, de la chair délicate, et le servir avec beaucoup d'égards.

» Ce manège commençait à déplaire à madame de la Rapinière, qui s'était déjà aperçue en plusieurs occasions que leur client avait l'esprit égaré ; elle en avait même fait part à son mari, qui avait trouvé cela très-naturel, après les peines qu'il disait avoir éprouvées, surtout dans sa dernière captivité.

» Quant à Alexandre, il savait bien à quoi s'en tenir : il avait aperçu plusieurs fois notre prétendu plaideur, à travers la serrure de la porte, son pot de nuit sur la tête, déclamant à haute voix cent sottises qui n'avaient aucune liaison ensemble, et lui avait vu faire différentes autres extravagances ; mais la charité ne lui avait pas permis d'en ouvrir la bouche, quoi qu'il desirât ardemment de voir la fin de cette comédie.

» Elle ne tarda pas à avoir lieu: monsieur de la Rapinière, d'après une adresse imaginaire que lui avait donné son client, avait écrit à un avocat de ses amis pour le prier de prendre des renseignemens sur la famille dont il se réclamait. Au bout de quinze jours il reçut une réponse qui faillit lui coûter la vie ; l'avocat certifiait qu'il n'y avait jamais eu de famille opulente de ce nom-là dans la ville, qu'il s'était adressé à tous les courtiers et négocians, et que pas un n'avait su de qui il voulait parler. Il finissait en lui disant qu'il conjecturait que celui qui avait pris ce nom ne pouvait qu'être un aventurier, fils d'un ouvrier de sa rue, qui se nommait ainsi, et qui avait quitté son père depuis deux ans pour faire son tour de France.

» Un amant à qui l'on vient d'enlever sa maîtresse ; un plaideur à qui, contre toute équité, on vient de faire perdre son procès ; une coquette surannée qu'on surprend dans son affreux négligé de nuit ; enfin, un tartuffe qu'un honnête homme vient de démasquer, ne sont pas plus furieux que ne le fut l'avocat dans cette occasion. Bouillant de colère, il va trouver le fou, qui justement ne se trouvait pas mieux disposé que lui ; un terrible accès de folie venait de le prendre, et M. de la Rapinière ne fit que l'augmenter en le traitant de filou, de coquin qui venait de le ruiner en le berçant d'espérances chimériques ; il en aurait sans doute dit davantage, si le fou qui n'était pas, comme je l'ai déjà dit, d'humeur à l'écouter, ne l'en avait empêché, en fondant sur lui à grands coups de poingts, et ne l'eût serré dans ses bras de manière à l'étouffer.

» Le pauvre avocat peu habitué à lutter de la sorte, appelait de toutes ses forces à son secours. A ses cris, tout le voisinage accourut et la populace s'assembla devant la porte. La garde se l'a fit ouvrir et conduisit les combattans chez le commissaire du quartier, où le peuple, qui détestait M. de la Rapinière, le suivit en vomissant des injures contre lui. Mais lorsqu'il apprit qu'il venait d'être dupe d'un fou qui s'était échappé de Bicêtre et qu'on venait d'arrêter d'après son signalement et des nouvelles preuves de démence, il donna carrière à sa gaîté, et le reconduisit chez lui au milieu de huées de tous les enfans. »

LE JACQUES.

Oh le bon tour! buvons au recouvrement de l'esprit de celui qui l'a joué.

LE MAITRE.

Tu ne perds pas la tête, toi, Jacques, tu sais tirer parti des circonstances; malgré cela, tu pourras bien te repentir de ta politesse et la payer d'un fort mal de gorge.

L'HOTESSE.

N'ayez pas d'inquiétude à cet égard; j'ai encore la recette de la tisane que je lui ai faite (1).

---

(1) Voyez Jacques le fataliste, et son maître.

JACQUES.

Dussé-je périr d'une esquinancie, je jure par le dieu Bacchus, que jamais tisane n'approchera de mes lèvres.

LE MAITRE.

Voilà un terrible serment ; mais pourquoi n'as-tu pas juré par Jupiter ?

JACQUES.

C'est que je n'aime pas ces dieux terribles qui, pour un rien, vous foudroyent et vous font descendre au Ténare; d'ailleurs, cette affaire n'est pas de sa compétence, et Bacchus seul doit en connaître.

LE MAITRE.

C'est parler comme un docteur; mais que fais-tu donc ? n'es-tu pas assez pénétré de ton sujet, sans aller puiser de nouveaux argumens dans la bouteille?

JACQUES.

Ce n'est pas cela ; c'est que j'ai fait, sans y penser, une faute grossière, en oubliant de boire à la santé du petit Alexandre, qui vraiment m'intéresse, et que je veux la réparer. Allons, notre hôtesse, secondez-moi, et puisse votre neveu sortir promptement des griffes de son vilain Harpagon.

L'HOTESSE.

Puisque vous y prenez tant d'intérêt, M. Jacques, je me ferais un reproche de vous faire languir plus long-temps.

« Nous avons avec le peuple, comme vous le savez, reconduit M. de la Rapinière, qui, tout honteux de sa mésaventure, n'osa se montrer de plusieurs jours. Alexandre sortait à sa place et était obligé d'essuyer mille plaisanteries à son sujet ; ce qui ne lui plaisait guères, d'autant mieux que celui-ci, au lieu de lui en savoir gré, le traitait dans son humeur chagrine, avec la plus grande dûreté. Enfin, indigné d'une conduite aussi injuste et dégoûté de sa condition, il résolut de le planter là, et de lui jouer préalablement quelque pièce dont il pût se ressouvenir.

» Dès qu'il eut pris cette détermination, il ne s'appliqua plus qu'à trouver un moyen de la mettre à exécution, et après avoir choisi parmi plusieurs qui se présentèrent à son idée, il s'arrêta à celui-ci.

» M. de la Rapinière, dont la mémoire était fort courte, avait pour habitude de mettre sur chacune de ses procédures, une étiquette qui indiquait le jour où les parties étaient assignées de se rendre à l'audience. Alexandre après les avoir examinées, vit que son patron devait plaider, le lendemain, contre un pauvre époux, nommé Martin, dont la femme, convaincue d'inconduite et d'infidélité, demandait une séparation de corps et de biens. Aussitôt il change l'étiquette et l'attache à un autre plaidoyer, pour un meûnier qui se nommait aussi Martin, et qui portait plainte contre un de ses voisins, dont la vache avait commis un grand dégât dans une pièce de bled en vert à lui appartenante.

» Cette expédition faite, il fut chercher le peu de hardes qu'il avait, et les porta chez un jeune homme dont il avait fait connaissance. Tranquille à cet égard, et n'ayant pas de compte à régler, puisqu'il ne gagnait pas un sou, il revint au logis afin d'ôter tout soupçon et pour voir comment la chose tournerait.

» M. de la Rapinière qui n'avait pas la moindre idée de ce qui allait lui arriver, prit parmi les liasses de papiers qui encombraient son cabinet, celle qu'il reconnut pour être à la date du lendemain. Après l'avoir déroulée et examinée : j'allais faire une jolie chose, se dit-il à lui-même ; où diable ai-je été m'imaginer que ce fût contre Martin Cornu que j'eusse à plaider, tandis qu'il s'agit d'un dédommagement demandé par Martin le meûnier, pour dégât commis dans ses blés, par la vache du père Mathurin, son voisin. Sans doute que la conformité des noms m'aura trompé, et je n'y vois d'autre remède que d'étudier promptement ma cause.

» Il y passa le reste de la journée et ne quitta le travail que, lorsque tombant de sommeil, la chandelle mit le feu à sa perruque. Cet accident fâcheux le rendit de si mauvaise humeur, que laissant tout là, il fut se coucher.

» Loin de goûter le repos qu'il espérait, le pauvre cher homme fut tourmenté toute la nuit par des songes affreux. Sa fidèle perruque était toujours présente à son imagination; il la voyait semblable à un chêne antique qui, à l'approche de l'hiver, se trouve dépouillé de ses feuilles. Son toupet orgueilleux que l'onde céleste n'avait pu pénétrer jusqu'alors, n'offrait plus à son œil attristé que l'aspect d'une plaine aride et brûlée par le soleil. D'un autre côté, occupé du procès de Mathurin, il ne rêvait que vache; tout ce qui respirait lui semblait en prendre la forme; et lui-même, dans son illusion, crut sentir des cornes croître sur son front. Effrayé d'un semblable prodige, il fit un bond dans son lit et se réveilla.

Il faisait grand jour ; notre avocat tant pour ne pas tomber dans de semblables rêves, que pour jeter les yeux sur son ouvrage de la veille, se leva. Sa perruque attira d'abord son attention ; après avoir répandu quelques larmes sur son sort, il travailla à prolonger son existence en la mastiquant de poudre et de pommade à l'endroit où elle avait tant souffert. De manière qu'en sortant de ses mains, elle avait acquis un nouveau degré de gloire, et, malgré ses cicatrices, paraissait encore braver les siècles à venir et donner un défi. à toutes les perruques de la terre.

» Mais son réparateur avait passé tant de temps après elle, qu'à peine eut-il celui de relire sa procédure et de déjeûner. Il part comme un éclair, et plein de confiance dans la bonté de ses argumens, il se présente à l'audience comme un autre Cicéron.

» Messieurs, dit-il en entrant, je nie le fait et tout ce qu'on a pu dire en mon absence; la vérité va luire dans son beau jour et triompher de l'astuce et du mensonge.

» M. de la Rapinière, lui dit le président, c'est à tort que vous

vous échauffez la bile ; il n'a pas encore été question de votre affaire ; mais puisque vous voilà, on va s'en occuper.

» Notre avocat, quoi qu'il ne fût pas demandeur, et qu'on s'opposât à ce qu'il déduisît ses raisons le premier, porta la parole en ces termes :

» Messieurs, ce que je vais vous exposer est si simple par soi-même, que je n'aurai pas besoin de déployer de grands talens pour vous convaincre de la justice de ma demande. Il s'agit d'une bête à cornes (un murmure se fait entendre et le président l'invite à ne pas se servir de pareilles épithètes). Je n'ai rien dit dont on puisse s'offenser, et je vous prie de m'écouter jusqu'au bout. Je voulais vous exposer qu'une bête à cornes a causé un grand dommage en broutant près d'un demi-arpent de blé en vert, dans le champ de ma partie (le murmure recommence, et le président lui représente qu'il faut qu'il ait perdu la tête pour débiter de pareilles sottises, ou qu'il ignore pour qui il plaide). — Je plaide avec connaissance de cause, et des témoins vous attesteront qu'ils ont vu la vache à Mathurin, dans le champ à Martin, le meûnier.

» Maître la Rapinière, vous êtes plus malade que vous ne pensez, lui dit le président impatienté, et je vous conseille d'aller recouvrer vos esprits. Il est bien question d'un nommé Martin, mais non pas du meûnier, et il s'agit d'une séparation de corps et de biens, au lieu de ravages causés par une vache. Le pauvre avocat tout stupéfait ne sut que répondre, sinon que la ressemblance dans les noms avait causé ce *quiproquo*.

» M. de la Rapinière avait à peine quitté sa maison, que mon neveu l'avait suivi à l'audience pour jouir de son triomphe; mais il n'en fut pas témoin sans éclater de rire, et son patron qui l'aperçut, ne put retenir son indignation. C'est toi, petit scélérat, qui m'a joué ce tour-là, dit-il en se tournant du côté d'Alexandre, qui aussitôt se baissa à terre et gagna la porte en marchant à quatre pattes et sans que personne y fît attention; c'est toi, mais tu me le payeras.

» A cette exclamation, tous les yeux se tournèrent sur un petit homme qui, par cela, se crut apostrophé, et lui en demanda raison.

» L'avocat s'excusa de son mieux, le priant de croire que

ce n'était pas à lui qu'il s'était adressé, mais à un jeune homme qui se cachait derrière.

» Chacun se retourne, et le petit homme qui aimait la chicane, n'ayant trouvé personne, s'écria : subterfuge que cela, monsieur ; vous vous repentez trop tard de votre imprudence, je prends l'auditoire à témoin et vous déclare qu'il faut un jugement pour satisfaire mon honneur.

» Les juges, scandalisés de la conduite indécente des deux champions, donnèrent ordre de les mettre à la porte, et parvinrent, par ce moyen, à rétablir le calme.

» Alexandre avait tout entendu ; lorsqu'il vit que M. de la Rapinière allait sortir, il ne jugea pas à propos de l'attendre, et courant à toutes jambes, il allait détourner un coin de rue, quand tout à coup son père, que des affaires avaient amené à Paris, se présente à sa vue. Il n'y avait pas de moyen de l'éviter, et il n'en chercha pas ; il l'aimait véritablement et ne pouvait le rencontrer plus à propos, se trouvant sans place et sans argent.

» Le père qui de son côté reconnut son fils, lui sauta au col et l'embrassa. Près de deux mois d'absence avaient effacé à ses yeux la faute qu'il avait commise, et la paix fut bientôt rétablie entr'eux.

» Mon frère n'ayant plus rien qui le retint dans la capital, revint avec son fils qui sut tirer un fruit de sa sottise en devenant le meilleur sujet possible. »

LA MARQUISE.

Je suis charmée qu'il ait fini par là ; avec un caractère aussi pétulant et l'abus qu'il aurait pu faire de son esprit, le séjour de Paris pouvait lui devenir funeste.

L'Hotesse.

Sans doute, on a tant d'exemples....... Mais ces messieurs dorment, et je ne pense pas qu'il est tard et que j'abuse de votre politesse.

L'hôtesse ayant réveillé Jacques et son maître, on se sépara pour prendre du repos.

Le lendemain, nos voyageurs se remirent en route et arrivèrent sans accident au château de M. Desglands, qui, charmé de leur arrivée, leur en témoigna toute sa joie.

Il se fit entre Jacques et Dénise une reconnaissance pathétique. Leur enfant qui était fort joli, fut tenu sur les fonts par la Marquise et son prétendu, qui ne tarda pas à devenir son époux, M. Desglands ayant voulu qu'ils célébrassent leur mariage chez lui, le deuil qui l'avait retardé venant de finir.

Quelque temps après, les nouveaux époux, accompagnés de Jacques et de Dénise qui ne les quittèrent plus, partirent pour aller habiter un château où ils vécurent heureux et dans la plus grande intelligence; Jacques conservant toujours avec son maître cet air de camarade qu'il avait contracté, et cette originalité qui les distinguait tous deux.

F I N.

www.ingramcontent.com/pod-product-compliance
Lightning Source LLC
Chambersburg PA
CBHW051908160426
43198CB00012B/1796